REINA *de* ROMA REINA *del* ISLAM

REINA *de* TODOS

El plan de las apariciones marianas para unir a todas las religiones bajo la Iglesia Católica Romana

Jim TETLOW Roger OAKLAND Brad MYERS

CHICK
PUBLICATIONS
Ontario, California 91761 EUA

Si desea una lista de los distribuidores en su área, llame al
(909) 987-0771 o visite nuestra página web: www.chick.com

Título original: Queen of Rome, Queen of Islam, Queen of All

Publicado por: CHICK PUBLICATIONS
P.O. Box 3500, Ontario, CA 91761-1019, EUA
Telf.: (909) 987-0771 • Fax: (909) 941-8128
Web: www.chick.com • Email: postmaster@chick.com

Todas las citas bíblicas en este libro se han tomado de la versión Reina-Valera 1960.

ISBN: 978-07589-0645-8

Impreso en los Estados Unidos de América
Printed in the United States of America

CONTENIDO

Capítulo 1

LA REINA DE TODOS

Apariciones

Aparece ella como una dama tridimensional, viviente, que respira, envuelta en una luz exquisita. Los visionarios y videntes describen a una mujer joven y hermosa que resplandece con radiante esplendor. Y, aunque los videntes dicen que ella brilla al observarla y está cubierta de toda magnificencia, admiten que la "Reina del Cielo" trasciende a toda descripción humana.

Los seguidores marianos también informan haber visto luces extrañas y visiones gloriosas que frecuentemente acompañan a la aparición. Han observado visiones de ángeles, círculos brillantes, lenguas de fuego, misteriosos fenómenos solares y nubes luminosas extrañas. Debido al enorme placer y la alegría que experimentan los visionarios durante una aparición, la palabra que más usan al describir el evento es *éxtasis*.[1] Los que la han visto, admiten haber quedado paralizados y embelesados por su belleza y encanto.

Se han informado numerosos milagros y sanidades en los lugares de las apariciones alrededor del mundo. Además, ¡la aparición de la Bendita Virgen María ha anunciado repetidamente que sus señales y prodigios más significativos ocurrirán en el futuro! Ella reconoce que aún no ha revelado su gloria plena al mundo. Predice señales y prodigios celestiales que el mundo entero verá pronto. Considere los siguientes mensajes que tres visionarios recibieron por separado:

Mi señal está emergiendo. Así lo desea Dios. Sólo mis hijos la reconocen a medida que se revela en secreto, y alaban al Eterno por ella. Hoy no puedo revelar mi poder a todo el mundo. Debo retirarme con mis hijos. En secreto realizaré milagros en las almas hasta que se complete el número de los sacrificios... Entonces podré revelarme al mundo entero...[2]

¡Pronto vendré, hijos míos! Pronto estaré entre ustedes con una gran luz. Iluminaré al mundo entero. Muchas almas llorarán porque no escucharon mi llamado... Pasaré sobre todos en una nube y todos me verán. ¿Qué acontecerá a los que me insultaron y se burlaron de mí?... Pronto volveré, hijos míos, para viajar por todo el mundo. Daré una gran señal en el cielo para los que aún quieran salvarse. Todos los que acudan a mí, que se vean arrepentidos, eso bastará para que se salven.[3]

También quiero decirles que antes que mis apariciones terminen por completo, toda denominación y religión en este mundo me verá. Me verán entre todos los pueblos, no sólo por un momento, pero todos tendrán una oportunidad de verme. Como aparecí en Zeitún, apareceré otra vez de modo que todos puedan verme. Recen y ayuden para que mis planes se realicen, no sólo aquí, sino en todo el mundo.[4]

Los números son sorprendentes

¡Tome en cuenta que, cada año, de 15 a 20 millones de seguidores marianos visitan un santuario en Guadalupe, México! El santuario está dedicado a Nuestra Señora de Guadalupe, que se apareció al vidente Juan Diego en 1531. El 12 de diciembre de 1999, aniversario de la aparición de la Virgen María, cinco millones de peregrinos visitaron el santuario para honrar a Nuestra Señora.[5] Además, el año 1999 marcó la primera vez en la historia de la iglesia cuando todos los obispos y sacerdotes del hemisferio occidental celebraron la fiesta de la aparición de Nuestra Señora de Guadalupe. En 1999, en una exhortación apostólica del Papa Juan Pablo II durante su visita a México, elevó el 12 de diciembre declarándolo día santo para la Iglesia Católica.[6]

En la Bosnia azotada por la guerra, se calcula que 30 millones de peregrinos han visitado Medjugorje desde que las apariciones de la Bendita Virgen María empezaron en 1981.[7] Además de los seis visionarios que regularmente reciben mensajes de la Virgen, miles de peregrinos declaran haber visto señales y prodigios, haber experimentado sanidad y haber oído la voz de María en Medjugorje. Ir a ese lugar no es fácil, puesto que implica recorrer muchas horas en autobús por caminos destruidos por la guerra. Los millones de peregrinos que se atreven a ir a Medjugorge, lo hacen sabiendo que su peregrinaje será difícil y peligroso; no obstante, las multitudes siguen llegando.

En Conyers, Georgia, la vidente Nancy Fowler ha recibido hasta 100,000 visitantes en su granja en un solo día.[8] Los peregrinos llegan de todas partes, viajando muchos largas distancias para oír el mensaje más reciente de la Bendita Madre. En el Santuario Nacional de la Gruta de Nuestra Señora de Lourdes en Emmitsburg, Maryland, la asistencia ha crecido a 500,000 personas al año.[9]

Apariciones marianas en todo lugar

Se reportan apariciones marianas en casi todos los estados de los Estados Unidos; muchos de esos lugares atraen a miles de personas. Se han documentado numerosas visitaciones de la Reina del Cielo, reportadas desde la ciudad de Nueva York hasta San Francisco.[10] El enorme número de seguidores marianos, y su determinación para escuchar a la Virgen, revelan que no son sólo observadores curiosos, sino un rebaño numeroso y creciente de discípulos marianos.

Cada año, cinco millones y medio de peregrinos visitan el lugar de las apariciones en Lourdes, Francia.[11] En Polonia, el santuario mariano de Nuestra Señora de Chestochowa (el favorito del fallecido Papa Juan Pablo II) atrae aproximadamente a cinco millones de peregrinos al año.[12] El sitio donde ocurrió una aparición en Knock, Irlanda, ha atraído a millones que van a rezarle a Nuestra Señora de Knock y visitan el aguilón de la aparición. Ese santuario mariano ha sido honrado por cuatro papas en el siglo 20, incluyendo al Papa Juan Pablo II que peregrinó a Knock, Irlanda, en 1979.[13]

A Sabana Grande, Puerto Rico, un lugar en donde se dice que la Virgen María apareció hace más de 50 años, miles de devotos religiosos llegan de todo el mundo. El sitio es ahora tan popular que están en marcha los preparativos para erigir una estatua de la Virgen, cuya altura doblará la de la estatua de la Libertad de Nueva York. Un periódico local reporta lo siguiente:

> La enorme estatua a gran escala de Nuestra Señora del Rosario, parte del proyectado complejo de 500 acres, Ciudad Mística, tendrá una altura de 457 metros. En el interior habrá lugar para estaciones de radio y televisión, varias capillas, departamentos, restaurantes, salas de conferencia y una terraza de observación.[14]

En el famoso lugar de las apariciones en Fátima, Portugal, más de un millón de peregrinos asistieron durante el aniversario de la aparición del 13 de octubre de 1917. Se calcula que la asistencia anual a Fátima llega a 4.5 millones, y esa cifra sigue creciendo.[15] La lista de los principales sitios de apariciones sigue extendiéndose.

Miles de personas se reúnen cada año en Amsterdam para celebrar el Día Internacional de Oración de la Señora y Madre de Todas las Naciones. Numerosos sacerdotes, obispos y cardenales presiden el evento donde miles de participantes, de más de 70 países y seis continentes, se unen para honrar a la Señora de Todas las Naciones.[16] Esta aparición de la Virgen María se le presentó muchas veces a la visionaria Ida Peerdeman. Su mensaje principal era que deseaba la unidad. Esta unidad se dará sólo cuando la Iglesia y el Papa proclamen oficialmente a la Señora de las Naciones como Corredentora.[17] Hasta la fecha, millones de fieles defensores marianos han presentado peticiones a Roma para que oficialmente se le nombre Corredentora.[18]

Una popularidad mundial creciente

La popularidad de las apariciones y de sus mensajes ha crecido en proporciones gigantescas. Los historiadores marianos no vacilan en indicar que se han reportado apariciones de la Virgen a través de los siglos, pero que, en toda la historia de las apariciones de María, nunca habían sucedido con la misma constancia y frecuencia como en este tiempo.

En 1997, la revista *Newsweek* publicó un artículo central acerca de la Virgen María. Este decía: "En muchas formas el siglo 20 le ha pertenecido a María. Casi desde todos los continentes, visionarios han reportado más de 400 'apariciones' de la Virgen, más que en los tres siglos previos juntos... Al considerarlas en conjunto, estas visiones apuntan a lo que el Movimiento Mariano cree que es una milenaria 'Era de María'.[19]

Es de esperar que este fenómeno ocurra en países que son predominantemente católicos, pero se reportan apariciones desde Japón hasta África, desde Corea hasta Australia, desde Irak hasta Israel, desde Egipto hasta Siria. Ya sea que observemos lo que sucede en la ex Unión Soviética o entre los pueblos de la India, hay algo en común: supuestamente todos están siendo visitados por una mujer que dice llamarse María, la Reina del Cielo, Nuestra Señora. El padre Robert Faricy, citado en el libro *Queen of the Cosmos* (Reina del cosmos), afirma:

> Jamás en la historia del cristianismo la Bendita Virgen María ha aparecido a tantas personas, por un período de tiempo tan prolongado y con tanta regularidad. Además, pareciera que las apariciones en Medjugorje han iniciado una nueva era mariana. Hay reportes de que ella está apareciendo por doquier.[20]

En su libro *Call of the Ages* (Llamado de los siglos), el autor Thomas W. Petrisko escribe: "Millones y millones en todos los continentes del mundo han oído y respondido a las apariciones y los mensajes de la Virgen María. En verdad, la asistencia a los santuarios ha aumentado significativamente en todas partes".[21]

El Rdo. Charles Dickson, Ph.D., ministro luterano, reportó

esta corriente en *Queen Magazine*: "La gente alrededor del mundo está viajando enormes distancias para demostrar en persona su veneración a la Madre de nuestro Señor".[22] Luego declara que tan solo en Francia hay 937 santuarios a donde se realizan peregrinaciones, y que, en el santuario mariano más popular de Francia, la asistencia ha aumentado un 10 por ciento en dos años.

En Italia hay más de 1,500 santuarios marianos a donde llegan peregrinos, constituyendo el 85 por ciento de todos sus santuarios.[23] Estas no son grutas insignificantes, sino santuarios importantes a donde peregrinan los seguidores de María. Y, aunque la devoción a María es más notoria en los países católicos, dicha devoción está atrayendo gran cantidad de seguidores de toda religión, raza y nación.

Respecto al número creciente de apariciones a nivel mundial, Michael Brown, famoso autor católico mariano, escribió: "[Durante la segunda mitad del siglo 20, las apariciones marianas] crecieron en un porcentaje notable... si se contara cada aparición diaria o semanal en casos en que un vidente tuvo más de una, el número no se podría calcular... ¡el periódico francés *Le Monde* una vez calculó 21,000 apariciones entre 1976 y 1986!"[24]

El plan ecuménico de paz de Nuestra Señora

Un mensaje constante de las miles de apariciones que se manifiestan actualmente en el mundo es de paz, unidad y tolerancia. En Medjugorje, la aparición de María declaró:

> Queridos hijos, hoy los invito a la paz. He venido aquí como la Reina de Paz y anhelo enriquecerlos con mi Paz Maternal... Les invito a ser portadores y testigos de mi paz a este mundo carente de paz. Que la paz gobierne en el mundo entero.[25]

En otro mensaje, María dijo a los videntes: "Díganle a este sacerdote, díganles a todos, que son ustedes los que están divididos en la tierra. Los musulmanes y ortodoxos, por la misma razón que los católicos, son iguales ante mi Hijo y ante mí. Todos ustedes son mis hijos".[26] El mensaje de María sobre paz, unidad y tolerancia es el que anhela este mundo angustiado y confundido.

Sus mensajes reportados en Betania, Venezuela, tipifican las palabras de esperanza dadas alrededor del mundo: "Hijos míos, les estoy dando un pedazo de cielo... Betania, Venezuela. Es para todos, no sólo para católicos... Mi mensaje es de fe, amor y esperanza. Sobre todo, trae reconciliación entre la gente y las naciones. Es lo único que puede salvar a este siglo de la guerra y la muerte eterna".[27]

Según Charles Dickson, autor de *A Protestant Pastor Looks at Mary* (Un pastor protestante observa a María), ella trasciende nuestros límites culturales y aun los religiosos:

> Un estudiante musulmán que visita Roma desea especialmente ver la Iglesia de Santa María Maggiore. ¿Le sorprende? La poesía de un místico sirio está repleta de devoción mariana. ¿Le sorprende? Martín Lutero recomendó orar a María. ¿Le sorprende? Un ministro pentecostal estadounidense empezó a visitar santuarios de apariciones marianas. ¿Le sorprende? Los musulmanes llaman a María *il-Sittneh*, o Nuestra Señora. ¿Le sorprende? Un capítulo del Corán lleva el nombre de ella. ¿Le sorprende? La profunda bondad de María como madre está representada en el arte chino. ¿Le sorprende? Y ahora un ministro presbiteriano ha escrito un libro recomendando que se rece el rosario. ¿Aún le sorprende?... un estudio más detallado de la historia pasada y de hechos actuales muestra que María tiene un atractivo universal que trasciende nuestros límites culturales, geográficos y aun religiosos.[28]

Que caigan los muros

En 2003, *Los Angeles Times* incluyó un artículo titulado "Nuestra Señora: No sólo para católicos". Este dice que la aparición conocida como la Virgen de Guadalupe, reverenciada desde hace mucho tiempo por los latinos, ocupa ahora un lugar en otras denominaciones. La corriente se nota especialmente en iglesias episcopales y luteranas, cuyas tradiciones litúrgicas son más similares a las católicas. El artículo plantea una pregunta muy interesante:

> La presencia de Nuestra Señora de Guadalupe en servicios no católicos ha hecho que eruditos y otros individuos se pregunten si la amada aparición, que ha unido a los mexicanos por casi cinco siglos, puede unir a las denominaciones cristianas.[29]

En 2005, la revista *Time* publicó en la portada una imagen de María como la Madre de Dios, con el título: "Ave, María — Los católicos la han reverenciado desde hace tiempo, pero ahora los protestantes están hallando sus propias razones para honrar a la madre de Jesús". El artículo explica la asombrosa tendencia a una creciente devoción mariana entre las iglesias protestantes:

> En un cambio cuya amplitud ideológica es poco usual en el fragmentado mundo protestante, la pared que por mucho tiempo rodeó a María parece estar cayendo... María está ganando popularidad también en instituciones teológicas protestantes, donde íconos de ella adornan las paredes de futuros pastores.[30]

El artículo cita ejemplos que antes jamás hubiéramos imaginado. Por ejemplo, en una iglesia metodista en el sur de Chicago, a ambos lados del altar hay una estatua de María con rosas frescas a sus pies, y de las manos del niño Jesús cuelga un rosario. La cubierta del altar presenta la imagen más sorprendente en la iglesia: María, otra vez, totalmente rodeada de una aureola de múltiples colores.[31]

El Rdo. Albert Mohler, hijo —rector del Seminario Teológico Bautista del Sur— hace el siguiente comentario respecto al artículo sobre María en la revista *Time*:

> El artículo central de *Time* es parte de un fenómeno más extenso, en el que muchas de las principales iglesias protestantes están reconsiderando a María e incorporando la veneración a María en las devociones personales y la adoración corporativa. Algunos llegan al

punto de reconocer a María como intercesora, dirigiendo oraciones a ella y a otros santos. Es sorprendente que algunos protestantes ahora argumenten que los creyentes deberían orar a María y pedirle que interceda por ellos.[32]

La Reina promete unidad

Casi todas las apariciones han declarado que María traerá una nueva era de paz y unidad. Bajo su manto, la gente se reunirá en paz y resolverá los problemas que enfrenta el mundo. Su énfasis en la unidad y el ecumenismo ha captado la creciente atención de los medios de comunicación. *Los Angeles Times*, en un artículo titulado "La creciente popularidad de María va más allá de la fe", reportó:

> Un número creciente de estadounidenses de todas las denominaciones cristianas están acudiendo a la Virgen María como un medio de espiritualidad y símbolo de paz que brinda consuelo en tiempos conflictivos... Los reportes sobre apariciones de María han aumentado constantemente en el mundo en los últimos años... Su mirada maternal parece tener un atractivo ecuménico... No sólo los católicos romanos se interesan en María y siguen las apariciones... Cada día miles de personas llevan sus problemas a los lugares donde, según se afirma, la Virgen ha aparecido.[33]

Una de las series de apariciones observadas por más testigos ocurrió en una iglesia ortodoxa cóptica en Zeitún, un barrio de El Cairo, Egipto. Gente de muchos países y de diversos trasfondos religiosos vieron las apariciones desde 1968 hasta 1973. ¡Se calcula que el total de testigos llega a millones! Musulmanes, coptos, católicos romanos, protestantes y otros se unieron en su adoración a la Señora que parecía estar compuesta de luz. Los musulmanes repetían del Corán: "María, Dios te ha escogido. Y te ha purificado; Él te ha escogido entre todas las mujeres". En Zeitún, al igual que en innumerables sitios alrededor del mundo, el fenómeno reúne gente de todo trasfondo imaginable.

El siguiente mensaje, de una aparición que se identifica como "la Señora y Madre de Todas las Naciones", expone claramente su misión:

> Traten de entender la razón de Mi venida hoy. El Señor Jesucristo ha elegido este gran día para "la Señora de Todas las Naciones". La misión de Ella es establecer unidad entre sus naciones. Se le envía para hacer una gran Comunidad con las naciones de Ella. Reunir a todas las naciones en una Comunidad, esa es la tarea dada al mundo en este tiempo presente, lo cual he anunciado repetidamente.[34]

El atractivo de la Reina

En 1996, la revista *Life* publicó la imagen de María en la portada e hizo estas preguntas: "¿Por qué se rezan dos mil millones de Ave Marías cada día? ¿Por qué cinco millones de personas, muchas no cristianas, visitaron Lourdes este año para beber las aguas sanadoras? ¿Por qué más de diez millones viajan a Guadalupe a rezar a Nuestra Señora?... ¿Por qué hay apariciones? ¿Por qué se están incluyendo himnos a María en himnarios metodistas?... ¿Qué tiene María?"[35] El artículo de *Life* enumera luego muchas apariciones y cita diversas estadísticas. Por ejemplo, *Life* dice: "En Italia, en los últimos dos años, se ha reportado que 50 estatuas de la Virgen han llorado".

Life explica que la popularidad de María no existe sólo entre los católicos: "Uno de los aspectos intrigantes de la creciente popularidad de María últimamente es este: La necesidad emocional que la gente siente de ella es tan irresistible para un mundo en conflicto, que personas sin un vínculo obvio con la Virgen están siendo atraídas hacia ella. No es noticia que los musulmanes reverencien a María como una mujer santa y pura —el Corán la menciona 34 veces— pero es asombroso ver multitudes de musulmanes haciendo peregrinajes a santuarios marianos cristianos. Los grupos de oración marianos, interdenominacionales, están surgiendo por todo el mundo".[36]

No hay duda de que sus mensajes ecuménicos y apariciones

maternales atraen a multitudes. Además, otro aspecto de las apariciones atrae también a muchos. Los milagros, señales y prodigios que se reportan han aumentado en forma marcada en las últimas décadas. En un mundo que busca interacción con lo sobrenatural, no nos sorprende que mucha gente vaya tras lo milagroso. Estos milagros, si fueran verdaderos, competirían con los milagros realizados en los días de Moisés. Considere el fenómeno conocido como "el Milagro del Sol", reportado comúnmente en sitios de apariciones en todo el mundo.

El milagro del sol

En el sitio de la aparición en Fátima, el 13 de octubre de 1917, 70,000 personas vieron el sol cuando parecía caer del cielo. Esos testigos observaron cómo el sol descendía hacia la multitud y luego regresaba a su posición normal en el cielo. Pensando que era una señal del fin del mundo, muchos estaban seguros de que morirían. Veamos un breve relato de los eventos en Fátima:

> Precisamente cuando parecía que la esfera de fuego caería sobre ellos y los destruiría, el milagro cesó y el sol volvió a su lugar normal en el cielo, brillando con la paz de siempre. Cuando la gente se levantó del suelo, por todas partes se oían gritos de asombro. Sus ropas, que habían estado mojadas y enlodadas, ahora estaban limpias y secas. Muchos de los enfermos e inválidos habían sido sanados de sus aflicciones.[37]

El Milagro del Sol, a pesar de ser un hecho fantástico, es común en muchos sitios de apariciones. En docenas de lugares, literalmente millones de personas han reportado el milagro del sol. Ocurrió ante una multitud de 100,000 personas en Puerto Rico el 23 de abril de 1991, que era el 38°. aniversario de las apariciones allí.[38] Sucedió otra vez en Filipinas el 5 de marzo de 1993, frente a 300,000 personas.[39] En El Cajas, Ecuador, 120,000 peregrinos estaban presentes cuando aconteció allí el Milagro del Sol a fines de la década de 1980. Eventos similares se han registrado en lugares de apariciones como Medjugorje, Bosnia; Denver, Colorado, Lubbock, Texas; y Conyers, Georgia.

El Milagro del Sol es uno entre muchos prodigios sobrenaturales que se reportan donde se presentan apariciones alrededor del mundo. Este es un resumen de los milagros reportados tan solo en uno de esos sitios:

> Las apariciones de la Madre de Dios en Medjugorje han estado acompañados por numerosos milagros, incluyendo sanidades físicas (que ahora llegan a 360), informes de que el sol danzó o giró en el cielo, rosarios y medallas que aparentemente cambian de plata a oro, y otros fenómenos... Así como Cristo hizo milagros durante su vida terrenal para autenticar su enseñanza y ministerio, también Nuestra Señora de Medjugorje parece usarlos para validar su presencia y sus mensajes, los que, como siempre, nos dirigen a su Hijo.[40]

La Reina de Todos

Aunque el título de este libro tal vez parezca presuntuoso, a medida que continuemos documentándolo, se verá claramente que la Reina del Cielo en verdad está reuniendo en el mundo un número masivo de seguidores, de toda religión y raza. Los numerosos libros sobre apariciones marianas expresan que hay un consenso creciente de que el mundo busca a una Madre celestial: una que sea tierna y misericordiosa, que no juzgue, y que tenga poder e influencia para resolver nuestros problemas. La Reina de Paz, como se le llama a menudo, repetidamente ha anunciado paz, unidad y tolerancia mundiales. Esta es una razón común del atractivo universal de las apariciones marianas. La Señora y Madre de Todas las Naciones —el título que se atribuyó en un sitio popular donde apareció— se presenta como alguien que es amable y accesible, a la vez que afirma tener acceso y autoridad celestiales.

Además del encanto maternal, las apariciones atraen a millones de personas por los numerosos milagros, señales y prodigios que se reportan. El testimonio de peregrinos sobre alguna sanidad física o emocional resulta irresistible para todo tipo de gente. Esta combinación de cualidades que presentan las apariciones

—Madre amorosa, intercesora poderosa, mediadora y hacedora de milagros— ha reunido multitudes que normalmente no se asociarían. En estos tiempos difíciles, cuando los problemas mundiales parecen insuperables, un número creciente de personas están acudiendo a la Reina de Todos, viéndola quizás como la mejor defensora del mundo.

Capítulo 2

LA REINA DE ROMA

Mediadora

La Reina de Paz ha logrado reunir a multitudes de diversos trasfondos religiosos. Actualmente millones de ortodoxos orientales y anglicanos la veneran y aprecian.[41] Un número creciente de protestantes le rezan y hacen peregrinaciones a los sitios donde ella ha aparecido. Y, como los siguientes capítulos documentarán, millones de musulmanes, hindúes, budistas, seguidores de la Nueva Era y otros la reverencian y honran. En verdad las apariciones de María tienen seguidores de todo el mundo.

Pero, sin duda la lealtad más firme y el mayor número de seguidores están entre los más de mil millones de miembros de la Iglesia Católica Romana. Con razón le dan el título de Reina y Madre de la Iglesia de Roma.

Madre de Roma

En 1984, el entonces cardenal Joseph Ratzinger, ex prefecto de la Congregación para la Doctrina de la Fe de la Iglesia Católica Romana, declaró: "... una de las señales de nuestros tiempos es que los anuncios de 'apariciones marianas' están aumentando en todo el mundo. Por ejemplo, están llegando reportes de África y otros continentes..."[42]

El 19 de abril de 2005, Joseph Ratzinger sucedió al Papa Juan Pablo II como el nuevo líder de la Iglesia Católica Romana. En su primer saludo público, el Papa Benedicto XVI concluyó con la siguiente bendición:

> En la alegría del Señor resucitado, confiando en su ayuda continua, sigamos adelante. El Señor nos ayudará. María, su Santísima Madre, está a nuestro lado. Gracias.[43]

El día siguiente, en el mensaje del nuevo Papa al final de la Concelebración Eucarística con los miembros del Colegio de Cardenales en la capilla Sixtina, dijo:

> Para que me apoye en mi promesa, invoco la intercesión maternal de María Santísima, en cuyas manos pongo el presente y el futuro de la Iglesia y de mi persona.[44]

Y, otra vez el 22 de abril de 2005, en el mensaje del Papa Benedicto XVI a los miembros del Colegio de Cardenales, dijo:

> A la Virgen Madre de Dios, que con su presencia silenciosa acompañó los pasos de la Iglesia naciente y confortó la fe de los Apóstoles, le encomiendo a todos nosotros y las expectativas, esperanzas y preocupaciones de toda la comunidad de cristianos. Les pido que caminen bajo la protección maternal de María...[45]

Tres días después, el 25 de abril, el nuevo Papa pronunció estas palabras al dirigirse a peregrinos alemanes:

> Y oremos a María, Madre del Señor, para que nos permita sentir su amor como mujer y madre, en el que podamos comprender toda la profundidad del misterio de Cristo.[46]

Confianza en la aparición de María

El nuevo Papa repetidamente ha invocado a María y ha encomendado a Roma y el mundo en sus manos maternales. Además, el Papa Benedicto, como su predecesor, ha exhortado a todos a que acudan a la aparición de María y confíen en ella. Por ejemplo, el 11 de mayo de 2005, el Papa Benedicto exhortó a los fieles a "acudir incesantemente y con confianza" a la Virgen de Fátima:

> Pasado mañana se celebrará la conmemoración litúrgica de la Bendita Virgen María de Fátima. Amados, los exhorto a acudir incesantemente y con confianza a la Virgen, encomendándole cada una de sus necesidades.[47]

Dos días después —el 13 de mayo de 2005—, sólo un mes después de iniciar su pontificado, el Papa Benedicto XVI puso a la Iglesia Católica Romana en las manos maternales de Nuestra Señora de Guadalupe, durante una visita para venerar su imagen en los Jardines del Vaticano. Nuestra Señora de Guadalupe se apareció en 1531 al vidente Juan Diego, y aún es una de las manifestaciones más populares. *L'Osservatore Romano* publicó en la página frontal la oración que el nuevo Papa rezó ante la estatua de mármol blanco de Nuestra Señora de Guadalupe, ubicada en el lugar más elevado de los Jardines del Vaticano:

> Santa María, que bajo la advocación de Nuestra Señora de Guadalupe eres invocada como madre de los hombres y las mujeres de la nación mexicana y de América Latina, alentados por el amor que inspiras en nosotros, ponemos nuevamente nuestras vidas en tus manos maternales. Tú que estás presente en los Jardines Vaticanos, reina en el corazón de todas la madres del mundo y en nuestros corazones. Con gran esperanza, a ti acudimos y en ti confiamos.[48]

Desde su elección como pastor de la Iglesia Católica Romana, el Papa Benedicto constantemente ha invocado a María, dirigiendo a los fieles a su cuidado maternal en docenas de ocasiones. El 25 de agosto de 2005, durante la Festividad de la Asunción de María, el nuevo Papa explicó que la ahora omnipresente Reina del Cielo está siempre cerca de nosotros. Ella conoce nuestros corazones, nos ayuda y escucha a cada uno de nosotros:

> María es llevada en cuerpo y alma a la gloria del cielo, y con Dios y en Dios ella es Reina del cielo y de la tierra... Mientras vivió en esta tierra, sólo podía

> estar cerca de algunas personas... Al estar en Dios y con Dios, está cerca de cada uno de nosotros, conoce nuestros corazones, puede oír nuestras oraciones, puede ayudarnos con su bondad maternal... Ella siempre nos escucha y siempre está cerca de nosotros, y siendo Madre del Hijo, es partícipe del poder del Hijo y de su bondad. Siempre podemos encomendarle la totalidad de nuestra vida a esta Madre, que no está lejos de ninguno de nosotros.[49]

Aunque la Reina del Cielo está disponible para todos y es Madre de todos, es especialmente la Madre de Roma. Por ejemplo, el 8 de diciembre de 2005, el 40º. aniversario del Concilio Vaticano II, el Papa Benedicto una vez más enfocó la atención en el lugar central de María y su papel en la Iglesia Católica. Benedicto le recordó a su audiencia en la Basílica de San Pedro que María es la "Madre de la iglesia", y la alabó por haber "velado con cuidado maternal" por la vida de la iglesia. Esta cita final confirma que el nuevo Papa cree que María ha guiado a los papas y a la iglesia de Roma a través de los siglos.

> María ha velado con cuidado maternal por los pontificados de mis venerados predecesores, cada uno de los cuales, con gran sabiduría pastoral, guió la barca de Pedro por la ruta de la auténtica renovación conciliar... Esta tarde iré a la Plaza de España, a los pies de la estatua de la Inmaculada Concepción... para encomendarle la amada ciudad de Roma, la Iglesia y toda la humanidad.[50]

Devoción de Juan Pablo a María

¿Se entregará completamente el nuevo Papa a las apariciones de María? El tiempo lo dirá, pero nadie puede dudar de que su predecesor lo hizo. Por más de un cuarto de siglo, el Papa Juan Pablo II hizo muy evidente su devoción mariana. Juan Pablo declaró: "Si no fuera Papa, yo ya estaría en Medjugorje".[51] Él visitó numerosos santuarios marianos y lugares donde ocurrieron apariciones, y su devoción a María era realmente notoria. En su libro *Cruzando el umbral de la esperanza*, el Papa escribió: "Pienso que cuanto he dicho explica suficientemente la devoción mariana del Papa actual y, sobre todo, su actitud de total abandono en María: su *Totus Tuus* (todo tuyo)".[52]

El Papa Juan Pablo II creía que si la iglesia universal alcanzaba la victoria, sería por María. En *Cruzando el umbral de la esperanza* hizo esta declaración reveladora:

> Después de ser elegido Papa, al tratar más con los problemas de la iglesia universal, llegué a una convicción similar: **En este nivel universal, si llega la victoria, ésta será lograda por María**. Cristo vencerá por medio de ella, porque él quiere que las victorias de la iglesia, ahora y en el futuro, estén vinculadas a ella.
>
> Yo tenía esta convicción aunque aún no sabía mucho acerca de Fátima. Sin embargo, podía ver que había cierta continuidad entre La Salette, Lourdes y Fátima, y, en el pasado lejano, con nuestra Jasna Gora polaca.
>
> Y, así llegamos al 13 de mayo de 1981, cuando recibí heridas de balas estando en la plaza de San Pedro. Al principio, no presté atención al hecho de que habían intentado asesinarme exactamente en el aniversario del día cuando María se apareció a los tres niños en Fátima, Portugal, y les dijo los mensajes que ahora, al final de este siglo, parecen estar a punto de cumplirse.[53]

Consagración a la aparición

Juan Pablo atribuyó a la aparición de Nuestra Señora de Fátima el haberle salvado la vida durante el atentado de 1981.[54] Poco después del ataque, él consagró al mundo entero al Inmaculado Corazón de María.[55] Dicha consagración la hizo el Papa respondiendo al pedido hecho por Nuestra Señora de Fátima.

Además, en octubre de 2000, Juan Pablo ordenó que la milagrosa estatua de Nuestra Señora de Fátima fuera llevada al Vaticano para el Gran Jubileo. El domingo 8 de octubre, el Papa

Juan Pablo con 1,500 obispos —la reunión más numerosa desde el Vaticano II— encomendaron a la humanidad y el tercer milenio a Nuestra Señora de Fátima.[56] Esto es sumamente significativo. ¡Más de un tercio de los obispos de la Iglesia Católica, y el Papa mismo, le encomendaron el mundo a la aparición conocida como Nuestra Señora de Fátima!

Realmente la aparición ha tenido la atención del Papa y de Roma. No parece ser coincidencia que las apariciones de María aumentaron sustancialmente durante el pontificado de Juan Pablo. Sin duda, sus numerosas visitas a santuarios marianos y a los lugares de apariciones en todo el mundo, indican que creía en estas y les daba suma importancia. Además, la fuerte devoción mariana del Papa fortaleció la devoción a María a nivel mundial.

La siguiente oración, que el Papa Juan Pablo II hizo en 2002, se repitió a lo largo de su pontificado. Él y la iglesia que dirigía proclamaron claramente que a ella, la Reina del Cielo, le encomendaban su futuro. Dirigiéndose a María como "Santísima Madre", el Papa oró:

> A ti [María] te devuelvo todos los frutos de mi vida y mi ministerio. A ti te encomiendo el futuro de la iglesia; a ti te ofrezco mi nación; en ti confío y una vez más declaro: ¡Totus Tuus, María![57]

Movimiento mariano de sacerdotes católicos

Los grupos y conferencias católicos marianos se están extendiendo por el mundo. Un grupo, el Ejército Azul, afirma tener más de 20 millones de miembros.[59] Otro, conocido como Movimiento Mariano de Sacerdotes, es apoyado al menos por 400 cardenales y obispos, más de 100,000 sacerdotes, y millones de religiosos y fieles alrededor del mundo.

Tenga en cuenta que aproximadamente hay sólo 400,000 sacerdotes en la Iglesia Católica Romana. Esto significa que más de la cuarta parte son miembros activos del Movimiento Mariano de Sacerdotes. Y este es sólo un grupo mariano.

El padre Stefano Gobbi, líder del Movimiento Mariano de Sacerdotes, frecuentemente recibe mensajes de la Reina del Cielo. En muchos de estos, ella confirma la relación inextricable entre sus apariciones y la Iglesia Católica, sobre todo en estos tiempos finales:

> Pero en la fiera lucha de estos últimos tiempos, esta lucha entre cielo y tierra, entre los espíritus celestiales y los demonios, entre la Mujer y el Dragón, yo aparezco como una gran señal de mi mayor victoria... Para esta gran victoria, he formado para mí la cohorte de todos mis hijitos que, de todas partes del mundo, me han respondido con un sí. Con mi Movimiento Mariano de Sacerdotes he llevado mi invitación a los más lejanos confines de la tierra, y para mí he formado mi ejército victorioso.[60]

Nadie podría negar que la Iglesia Católica Romana —su líder y multitudes dentro de ella— está alistada en el ejército de María. Por supuesto, a lo largo de la historia, la aparición ha sido central en la iglesia de Roma y en sus enseñanzas.

La influencia de María en la iglesia

Sin duda, la aparición de María siempre ha tenido la atención de Roma. Por más de mil años, muchos papas previos fueron devotos seguidores de la aparición de María. Por ejemplo, una aparición se presentó al Papa Juan XXII y le ordenó que informara a todos que, el sábado después que murieran, ella liberaría del purgatorio a todos los que usaran el escapulario carmelita. Ese pontífice lo proclamó en una bula y, años después, Alejandro V, Pío V, Gregorio XIII y Pablo V lo confirmaron.[61] Desde entonces, millones de católicos han usado el escapulario.

La aparición de María incluso ha ayudado al papado en tiempos de necesidad. Por ejemplo, en 1854, cuando el Papa Pío IX proclamó la nueva doctrina de la Inmaculada Concepción, existía la preocupación de que muchos católicos no la aceptaran. Sin embargo, en 1858, cuatro años después de que se declarara, Nuestra Señora de Lourdes se presentó con esta salutación: "Soy la Inmaculada Concepción". Hasta entonces ninguna aparición se había atribuido ese nombre, y, al hacerlo, la Inmaculada Virgen dio personalmente una confirmación sobrenatural a la declaración.[62]

En 1870, poco antes que Pío IX introdujera la doctrina de la infalibilidad papal, una aparición le confirmó que debía proceder con la nueva proclamación. Incluso le aseguró que lo ayudaría en cada paso.[63] Por supuesto, Pío IX es sólo uno de una larga lista de papas a quienes, según se informa, la Reina del Cielo ayudó en tiempos difíciles.

En su encíclica *El peregrinaje a Lourdes*, el Papa Pío XII reconoció la unión inextricable entre los papas y la aparición de María. El 2 de julio de 1957 ese Papa declaró: "Este siglo de devoción mariana, en cierta forma, también ha entretejido lazos cercanos entre la Sede de Pedro y el santuario en los Pirineos, lazos que nos complace reconocer".[64] Él presentó su encíclica oficial desde San Pedro, Roma, en la festividad de la Visitación de la Santísima Virgen. En ella, Pío XII explicó el rol crucial que tuvieron las apariciones en Lourdes para confirmar el dogma católico:

> El quincuagésimo aniversario de la definición del dogma de la Inmaculada Concepción de la Bendita Virgen le dio a San Pío X la ocasión para dar testimonio, en un documento solemne, de la conexión histórica entre este acto del Magisterio y las apariciones en Lourdes. "Pío IX", escribió él, "apenas había definido como creencia católica que María, desde su mismo origen, estuvo exenta de pecado, cuando la Virgen misma empezó a realizar milagros en Lourdes".
>
> La Virgen María misma deseaba esta unión: "Lo que el Soberano Pontífice definió en Roma por medio de su infalible Magisterio, la Inmaculada Virgen Madre de Dios, bendita entre todas las mujeres, quiso confirmar con sus propias palabras, al parecer, cuando poco después se manifestó en una famosa aparición en la gruta de Massabielle..."[65]

Pío IX, Pío X y Pío XII están incluidos en la larga lista de papas que explican la importancia de las apariciones de la Reina del Cielo, y cómo esas manifestaciones sobrenaturales han ayudado a guiar a la Iglesia Católica Romana a través de los siglos.

La red ecuménica de Roma

El padre Stefano Gobbi, sacerdote católico y visionario, ha recibido varios mensajes de María confirmando sus manifestaciones globales. Este es un ejemplo: "Con señales extraordinarias que estoy dando en todas partes del mundo, mediante mis mensajes y apariciones tan frecuentes, estoy indicando a todos que se acerca el gran día del Señor".[66]

Aunque las apariciones dan mensajes en todo el mundo, no nos sorprende que los reciban principalmente visionarios católicos. Además, la vasta mayoría de los sitios de apariciones son católicos romanos. Y, la María de las apariciones ha guiado a Roma a lo largo de los siglos.

La Reina del Cielo afirma claramente que ha venido para TODOS sus hijos, no sólo los católicos; pero, muchos que no son católicos, aunque van escépticos a los sitios de las apariciones, luego sienten que también fueron tocados por la Reina de Roma. Como resultado, muchos se han convertido a la fe católica romana.

Así que, aunque la Reina promueve la unidad, se refiere a la unidad bajo su iglesia. Lea el siguiente mensaje que recibió el padre Gobbi, líder del Movimiento Mariano de Sacerdotes, el cual se distribuyó a más de 100,000 miembros sacerdotes, numerosos obispos, arzobispos y cardenales, y a millones de seguidores laicos en todo el mundo. El mensaje lleva también el imprimátur.

> No es posible una verdadera reunificación de los cristianos a menos que sea en la perfección de la verdad. Y la verdad sólo se ha mantenido intacta en la Iglesia Católica, que debe preservarla, defenderla y proclamarla a todos sin temor.[67]

El movimiento ecuménico hacia Roma

¿Qué tan avanzado está el plan de reunificación de la Reina del Cielo? ¿Está activo el Papa, a quien ella guía, para atraer a todos los cristianos bajo la Iglesia Católica Romana? La Reina proclama que llegará el tiempo cuando toda la cristiandad estará "reunificada" bajo la Iglesia Romana. ¿Vemos esa corriente hoy?

El movimiento ecuménico ha ganado impulso durante algunos años. Sin embargo, los eventos ocurridos mientras escribíamos este libro revelan, abrumadoramente, que el plan de unificación de Roma se ha acelerado. Considere algunos de los titulares recientes que documentan este patrón de conducta:

- 4 de julio, 2005 - "El Papa espera que el nuevo Compendio del Catecismo ayude a todos los cristianos a ser 'catequistas y evangelizadores'" [68]
- 30 de julio, 2005 - "Católicos y evangélicos están más cerca unos de otros" [69]
- 19 de agosto, 2005 - "El diálogo unirá a los cristianos, dice el Papa: Se reúne con representantes de iglesias cristianas" [70]
- 29 de agosto, 2005 - "Librerías evangélicas abren la puerta a materiales católicos" [71]
- 5 de septiembre, 2005 - "Ecumenismo es obligatorio para todos los cristianos, dice el Papa" [72]
- 7 de noviembre, 2005 - "Papa insta a un mejor diálogo con los luteranos" [73]
- 10 de noviembre, 2005 - "Devoción a María crece entre protestantes de Inglaterra" [74]
- 10 de diciembre, 2005 - "Papa invita a metodistas a unirse al Acuerdo Católico-Luterano" [75]
- 8 de enero, 2006 - "Pontífice apoya diálogo con 'Iglesias Reformadas'" [76]

El insistente propósito ecuménico de Roma se resume en estas palabras del Papa Benedicto: "La búsqueda de unidad plena y visible entre todos los discípulos de Cristo es una necesidad particularmente urgente de nuestro tiempo".[77]

Es evidente también que la agenda mariana de reunificación no es exclusiva para las denominaciones cristianas. Roma, inspirada por la Reina del Cielo, tiene un plan mundial que invita a todas las religiones a unirse al redil.

Una vez más, los eventos que están ocurriendo indican que muchos senderos religiosos están destinados para la iglesia de la Reina. Examine los siguientes títulos de artículos recientes:

- 25 de mayo, 2005 - "Nigerianos combinan el catolicismo, creencias tradicionales sobrenaturales"[78]
- 27 de julio, 2005 - "Cardenal e imam de Chicago piden mejores relaciones entre católicos y musulmanes"[79]
- 1 de septiembre, 2005 - "Papa pide a los que creen en el único Dios que se unan y cooperen para restaurar paz"[80]
- 12 de septiembre, 2005 - "Cristianos y musulmanes adoran juntos"[81]
- 26 de octubre, 2005 - "Sacerdotes católicos desean adoptar rituales hindúes"[82]
- 8 de noviembre, 2005 - "Papa reafirma compromiso para cooperación interreligiosa"[83]
- 14 de noviembre, 2005 - "Lazos judíos-católicos avanzan, dice Benedicto XVI"[84]
- 1 de diciembre, 2005 - "Paz requiere diálogo cristiano-musulmán, dice el Papa"[85]
- 1 de diciembre, 2005 - "Musulmán dice que turcos aprecian a Benedicto XVI"[86]

Los titulares previos (y muchos más) proveen una evidencia innegable que habla con asombrosa claridad. La actividad ecuménica de Roma está arrasando el mundo como un maremoto, abarcando a la mayoría de la población mundial.[87] ¿Se convertirá pronto la Reina de Roma en la Reina de Todos?

El futuro de Roma

A través de los siglos, las apariciones marianas han guiado a papas, prelados y santos católicos. Las apariciones han sido vitales para formar el dogma de la iglesia. Y las apariciones han reunido el apoyo de millones de católicos laicos en el mundo.

Miles de supuestas apariciones atraen a millones de devotos fieles, y su ejército está creciendo. El ejército de la Reina está formado por almas de cada esquina del mundo y de toda afiliación religiosa. Pero, sin duda ella es, primeramente y sobre todo, la Reina de Roma. ¿Será que pronto la Reina del Cielo y de Roma unirá a todas las religiones bajo su manto?

El Papa Pío IX hizo esta notable predicción en 1878 respecto al rol de María para establecer al mundo bajo su iglesia, la Iglesia Católica Romana:

> Esperamos que la Inmaculada Virgen y Madre de Dios, María, mediante su intercesión más poderosa, haga que nuestra Santa Madre, la Iglesia Católica... alcance más influencia de día en día entre todas las naciones y en todo lugar, que prospere y gobierne de océano a océano, desde la gran corriente hasta el fin de la tierra; que disfrute de paz y libertad... y entonces habrá un redil y un pastor.[88]

¿Se convertirán multitudes a la religión católica romana por la poderosa intercesión de la aparición? ¿Qué depara el futuro? Considere esta cita final del padre Calloway, un sacerdote joven que funge como rector asistente en el Santuario Nacional de la Divina Misericordia en Stockbridge, Massachusetts:

> Nuestra Señora está formando un ejército, esta generación totalmente nueva, capa por capa. Un grupo tras otro está saliendo de los seminarios para ocupar sus lugares. Viene toda una generación de sacerdotes

y son como yo. Así de simple. Siempre le digo a la gente: prepárense porque llegará a una parroquia cerca de ustedes... Hemos sido formados por la Bendita Virgen María y sus apariciones. Muchos de los que conocí en el seminario amaban experiencias como las de Medjugorje, Betania, Amsterdam o Kibeho. No tienen problema con eso. Se aferran de la verdad como un tiburón, y ellos serán los que enseñarán en los seminarios. Estarán en las parroquias. Un cardenal dijo que si no fuera por Medjugorje, casi no tendría seminaristas.[89]

Capítulo 3

LA REINA DEL ISLAM

Piense en las áreas del mundo hoy que son bombas de tiempo en potencia, barriles de pólvora que en cualquier momento podrían estallar por alguna disputa religiosa. ¿Puede alguien imaginar cómo podrían resolverse las diferencias religiosas en esos lugares? ¿Quién en el planeta Tierra hoy podría actuar como mediador o diplomático, con la capacidad para lograr una resolución pacífica? Realmente, para que ocurra un evento histórico tal, se requiere de un milagro sobrenatural. Algunos afirman que las apariciones de María y sus mensajes ofrecen esa posibilidad.

Aunque al lector le parezca extraño el título de este capítulo, como veremos, es apropiado. ¿Cómo podría la Reina del Cielo tener alguna influencia sobre los millones de musulmanes seguidores de Alá? Los que han estudiado el libro sagrado de éstos, conocido como el Corán, tal vez sepan la respuesta. Primero, el Corán describe a Jesucristo como un profeta, único por Su naturaleza previa a la encarnación, Su nacimiento milagroso, Sus milagros y estatura moral. Los musulmanes reverencian a Jesucristo. El Corán dice:

> Los ángeles le dijeron a María: "[Alá] te invita a regocijarte en una Palabra de parte de Él. Su nombre es el Mesías, Jesús hijo de María. Él será noble en este mundo y en el mundo venidero, y será uno de los favorecidos. Predicará a los hombres en su cuna y en la flor de la madurez, y tendrá una vida recta".[90]

Es interesante notar que, en el Corán, las referencias a Jesús son casi exclusivamente como "Jesús hijo de María", en vez de "Hijo de Dios". El Corán niega vehementemente que Jesús sea el Hijo de Dios, pero a Él y a María los tiene en alta estima.

Un hecho más significativo en este contexto es que María recibe gran honor tanto en el Corán como en el Hadith. Los musulmanes la consideran como la más importante entre todas las mujeres.[91] Además, según afirman, Mahoma declaró que María alcanzó el "nivel de perfección".[92]

Los musulmanes, al igual que los católicos, la llaman Nuestra Señora (*Sayyida*). En el mundo islámico también la veneran como una mujer pura y santa. De hecho, en el Corán se considera a Jesús y María como puros y santos. A Mahoma, por el contrario, se le dice que pida perdón por sus pecados (Suras 40:55; 48:1-2).

María en el Corán

En el Corán se menciona a María por lo menos 34 veces. Además, el sura (capítulo) 19 del Corán lleva su nombre. Tomando en cuenta estos datos solamente, es evidente que los musulmanes ortodoxos ven a "Nuestra Señora" como bendita sobre todas las mujeres. Considere las siguientes tres citas tomadas directamente del Corán:

> Y recuerden las palabras de los ángeles a María. Dijeron: "[Alá] te ha escogido. Él te ha hecho pura y te ha exaltado sobre todas las mujeres".[93]
>
> El Mesías, el hijo de María, no fue más que un apóstol: otros apóstoles murieron antes que él. Su madre fue una mujer santa.[94]
>
> Después de lo cual [Jesús] habló y dijo: "Soy el siervo de [Alá]. Él me dio el Libro y me ordenó como profeta. Su bendición está sobre mí dondequiera que voy, y Él me ha exhortado a perseverar en la oración y a dar limosnas mientras viva. Me ha exhortado a que honre a mi madre y me ha purificado de vanidad y maldad".[95]

Los musulmanes y las apariciones de María

Evidentemente los seguidores de la religión islámica ven a María como la mujer más bendecida que ha existido; pero, ¿significa eso necesariamente que los musulmanes responden a las apariciones, señales y prodigios marianos como lo hacen muchos católicos, ortodoxos y protestantes? ¿Escuchan los musulmanes a las apariciones y obedecen sus mensajes? Para responder esta pregunta, podemos considerar una aparición de María que ocurrió ante millones de musulmanes en el siglo 20.

En una iglesia ortodoxa cóptica de Zeitún, un barrio de El Cairo, Egipto, hubo una serie de sucesos notables. Una mujer que, según quienes la vieron, era María, se presentó como aparición, realizando señales, prodigios y sanidades. Durante años, la misma mujer se apareció varias noches cada semana. La mayoría de los que la veían eran musulmanes. Esta es una descripción de los eventos en torno a las apariciones en Zeitún:

> Las apariciones de Zeitún... fueron vistas por todos los presentes... las multitudes presentes en las apariciones allí variaban desde algunos miles de personas hasta más de 200 mil por noche. El total de testigos quizás haya llegado a millones.
>
> Durante varias noches cada semana, miles de musulmanes (que constituían la mayor parte de las multitudes) caían de rodillas sobre alfombras para la oración, extendidas dondequiera que hubiera lugar, y lloraban ante la magnificente, maravillosa y gloriosa forma de Nuestra Señora del Cielo. Todos los testigos concuerdan en que la Virgen parecía estar formada de una luz generalmente intensa, pero que disminuía por momentos.
>
> Las apariciones de "María, la Madre de Jesús" se movían serenamente, yendo de un lado del techo del templo al otro, como para permitir que toda la multitud alrededor pudiera verla directamente, y muchos la llamaban para que fuera hacia ellos. A menudo respondía a los cantos

o frases que repetía la multitud; parecía inclinarse para agradecer, saludar y bendecir. A veces mostraba estar orando, o levantaba y agitaba lo que parecía ser una rama de olivo. En otras ocasiones, miles de personas veían su forma radiante, resplandeciendo con una luz blanca azulada, mientras en su brazo izquierdo sostenía lo que ciertamente parecía ser el niño Jesús.

Las apariciones en Zeitún causaron efecto en todos los testigos, incluyendo a cientos de ellos que fueron sanados espontáneamente. Muchos de esos casos fueron documentados por el Dr. Shafik Abd El Malik, M.B., B.Ch., M.D., de la Facultad de Medicina de la Universidad Ain Shams, quien dirigió a una comisión de siete doctores que estudió las curaciones milagrosas.[96]

Una señal para la humanidad

Piense en las implicaciones: millones de musulmanes respondiendo a una aparición de María, cayendo de rodillas, cantando, rezando e invocando a María. ¿Por qué esos seguidores de Alá respondieron a tales señales y prodigios? ¿Por qué estaban tan seguros de que la mujer de la aparición era María? Si hechos como esos se repiten en el siglo 21 y todo el mundo los observa, ¿seguirá la comunidad islámica a la Reina del Cielo? Aunque no podemos declarar con certeza lo que sucederá, las siguientes citas tomadas directamente del Corán pueden darnos una idea:

> Nosotros [Alá] hicimos que el hijo de María y su madre fueran una señal a la humanidad, y les dimos refugio en una tranquila ladera regada por un fresco manantial. ¡Apóstoles! Coman lo que es sano y hagan obras buenas: conozco todas sus acciones. Su comunidad es una sola y yo soy su único Señor: por tanto, témanme. Pero los hombres se han dividido en facciones, regocijándose cada uno en sus propias doctrinas. Déjenlos en su error hasta un tiempo señalado.[97]
>
> Y a la mujer [María] que conservó su castidad, Nosotros [Alá] respiramos en ella de Nuestro espíritu, e hicimos

> que ella y su hijo sean una señal a toda la humanidad. Su comunidad es una sola y yo soy su único Señor. Por tanto, sírvanme. Los hombres se han dividido en facciones, pero todos retornarán a Nosotros.[98]

Unidad por medio de señales

No sólo María y su hijo son una señal para la humanidad; el Corán también hace gran énfasis en las señales. Veamos algunos ejemplos:

> Grandiosas señales han llegado a ustedes de su Señor [Alá]. El que las vea, ganará mucho, pero el que esté ciego a ellas, perderá mucho en verdad.[99]

> Después digan: "¡Alabado sea [Alá]! Él les mostrará Sus señales y ustedes las reconocerán..."[100]

> La Hora del Juicio se acerca y la luna está partida en dos. Pero, cuando los incrédulos ven una señal, dan la espalda y dicen: "¡Magia ingeniosa!"[101]

> Les mostraremos Nuestras señales en todas las regiones de la tierra y en sus propias almas, hasta que vean claramente que esto [El Corán] es la verdad.[102]

Si el Corán declara que María es una señal a la humanidad, y un número creciente de musulmanes está experimentando a "Nuestra Señora" en los lugares de las apariciones marianas, ¿es posible que señales de una futura aparición persuadan a los musulmanes de que María fue enviada por Alá como señal de los últimos días? ¿Es razonable especular que la Reina, mediante señales y prodigios, podría convencer a muchos musulmanes a ser parte de una religión mundial que incluye el nombre de Cristo? El tiempo lo dirá.

María: Ejemplo fiel del Islam

Para entender mejor la mentalidad musulmana respecto a María, la agencia católica de noticias *Zenit: El Mundo Visto Desde Roma*, entrevistó a Sherazade Hushmand, erudito y teólogo musulmán de Irán. A continuación está la sesión de preguntas y respuestas que ilustra aún más por qué los musulmanes veneran y admiran a María:

> Pregunta: ¿Qué importancia tiene la figura de María para los musulmanes?
>
> Hushmand: Ella está muy presente en el Corán, que la describe específicamente como María Inmaculada. En el tercer sura, empezando con el verso 34 y siguientes, el Corán habla de este aspecto de María, de su pureza total. Refiriéndose a María, uno de los versos habla de la libertad. La mujer de Hemram, que es la madre de María, ora a Dios diciendo: "Dios, te dedico a la que está en mi vientre, y la dedico para que sea libre, absolutamente libre". Esta palabra se usa sólo una vez en el Corán y únicamente para María. Esta es una libertad absoluta de todo lo que pudiera considerarse como pecado, maldad, defecto, debilidad. María es pura de todo esto. Luego sigue la afirmación de Dios: "La acepto".
>
> Pregunta: ¿Creen en esto todos los seguidores del Islam?
>
> Hushmand: En el capítulo 66, el último verso, 12, el Corán dice: "¿Quieren que les dé un ejemplo fiel que seguir, válido para todos los creyentes del mundo?" Allí se propone a María como el ejemplo. Esto tiene mucha fuerza, ya que María no es sólo un ejemplo y símbolo que los cristianos deben seguir, sino que también en el Corán, María es símbolo y modelo para todos los creyentes, aun para los musulmanes.[103]

Musulmanes y católicos

El Corán repetidamente da a entender que Alá inspiró la Biblia.[104] Aunque el Corán no lo enseña, muchos musulmanes alegan que después los judíos y cristianos corrompieron el texto.[105] Aún así, el Islam valora la Biblia. Asimismo, es interesante notar que tanto el Islam como la Iglesia Católica

Romana creen que Alá y el Dios de la Biblia son el mismo. En el Catecismo Católico leemos:

> El plan de salvación también incluye a los que reconocen al Creador, entre los cuales los musulmanes están en primer lugar; estos profesan seguir la fe de Abraham, y con nosotros adoran al Dios único y misericordioso, juez de la humanidad en el día final.[106]

¿Cómo se incluirá a los musulmanes en este "plan de salvación"? ¿Podrían las apariciones, que realizan numerosas señales y prodigios, impactar a católicos y musulmanes que adoran al mismo Dios? ¿Podrían unirse sobre esta base?

Las ideas del influyente sacerdote católico, ya fallecido, padre Malaquías Martin, en su libro de gran venta *The Keys of this Blood* (Las claves de esta sangre), puede ayudarnos a responder estas preguntas:

> Al considerar el futuro del Islam, el Papa Pablo toma en cuenta que, como una fe genuinamente religiosa, preserva ciertas verdades fundamentales que el Espíritu Santo revela a todo pueblo de buena voluntad; y que, en la providencia de Dios, el Islam puede ser una entrada donde sus adherentes pueden ser preparados para aceptar la única revelación histórica que Dios ha hecho en este mundo. Llegará el día, Juan Pablo cree, cuando el corazón del Islam —en armonía ya con las figuras de Cristo y la Madre de Cristo, María— recibirá la iluminación que necesita. Mientras, el Pontífice sabe que el Islam se opondrá a él, a su iglesia y a su visión geopolítica.[107]

María, reina de los musulmanes

El arzobispo Fulton Sheen, ya fallecido, que llegó a millones de televidentes por medio de su serie, creía que sería por María que los musulmanes se convertirían al cristianismo y se unirían bajo la Iglesia Católica Romana. En su libro *El Primer Amor del Mundo — María, Madre de Dios*, llega a conclusiones sorprendentes respecto al futuro del Islam. En el capítulo "María y los musulmanes", Sheen escribió:

> En el presente, el odio de los países musulmanes contra el occidente está llegando a ser odio contra el cristianismo mismo. Aunque los líderes de las naciones aún no lo han considerado, todavía existe el grave peligro de que el poder temporal del Islam retorne y, con él, la amenaza de que sacuda a un occidente que ha cesado de ser cristiano y se establezca como un gran poder mundial anticristiano... [Sin embargo,] Creemos firmemente que los temores que algunos sienten acerca de los musulmanes no se harán realidad, sino que, al fin, más bien el Islam se convertirá al cristianismo, y en una forma que aun algunos de nuestros misioneros jamás imaginan. Creemos que esto sucederá, no por la enseñanza directa del cristianismo, sino invitando a los musulmanes a venerar a la Madre de Dios... En el futuro, los misioneros verán cada vez más que su apostolado entre los musulmanes tendrá éxito en la medida en que les prediquen de Nuestra Señora de Fátima.[108]

A Luis de Montfort muchos lo consideran como el más importante evangelista mariano de todos los tiempos. Montfort, quien fue canonizado como santo católico en 1947, predijo lo siguiente acerca de los últimos días:

> El poder de María sobre todos los demonios será notable especialmente en el último período. Ella extenderá el Reino de Cristo sobre los idólatras y musulmanes, y empezará una era gloriosa en la que María será gobernante y reina de los corazones humanos.[109]

Santa María de Agreda —visionaria católica que recibió numerosos mensajes de la aparición de María en el siglo 17— escribió el masivo clásico titulado *La Mística Ciudad de Dios*. Los mensajes marianos que recibió y su libro monumental fueron aprobados por la Iglesia Católica Romana. Santa María de Agreda comunicó lo que le fue dicho respecto a los últimos tiempos:

> Antes de la segunda venida de Cristo, más que nunca María debe resplandecer en misericordia, poder y gracia a fin de traer a incrédulos a la fe católica. Los poderes de María sobre los demonios en los últimos tiempos serán muy evidentes. María extenderá el reino de Cristo sobre los paganos y mahometanos, y será un tiempo de gran gozo cuando María sea entronizada como Autoridad y Reina de los corazones.[110]

Los musulmanes veneran a María

Actualmente un número creciente de musulmanes hacen peregrinaciones a santuarios marianos. Posiblemente, entre los lugares de las apariciones, el más popular que los musulmanes visitan es el santuario de Nuestra Señora de Fátima en Portugal. Se dice que Fátima era la hija favorita de Mahoma. Además, según se relata, Mahoma declaró que Fátima ocupa el lugar más elevado en el cielo después de la Virgen María.

El arzobispo Fulton Sheen, popular vocero católico, creía que la "Bendita Virgen" escogió ser conocida como "Nuestra Señora de Fátima" como promesa y señal de esperanza al pueblo musulmán, y como seguridad, a los que le muestran tanto respeto, que algún día ellos también aceptarán a su Hijo Divino.[111]

Es posible que Fátima sea el santuario mariano más famoso a donde los musulmanes van a rezar y dar homenaje a la Reina del Cielo, pero difícilmente se puede afirmar que Fátima sea única. En 2004, el Servicio de Noticias Reuters, en un artículo titulado "Twist of globalization: All faiths come together" (Cambio de la globalización: Todas las religiones se unen"), escribió que hindúes, budistas, musulmanes y otros peregrinos adoran con regularidad en famosos santuarios católicos romanos a la Virgen María. Beben agua bendita, encienden velas y rezan fervientemente a la Virgen. El artículo explica que muchos peregrinos la veneran como a una de sus diosas.[112]

Además, en años recientes se han reportado apariciones de María en varias naciones musulmanas, incluyendo a Irak, Siria, Egipto, Turquía y otras. La veneración ha aumentado a medida que más personas afirman haber experimentado algún milagro en un santuario mariano.

¿Será que el mundo, y especialmente los musulmanes, pronto recibirán la iluminación de que deben unirse bajo la cobertura de la Reina? Fulton Sheen, en su capítulo "María y los musulmanes", señala el Milagro del Sol como la posible iluminación que usará la aparición:

> El 13 de octubre de 1917, creyentes e incrédulos se postraron en el suelo durante el Milagro del Sol, mientras la mayoría de ellos suplicaba misericordia y perdón de Dios. Ese sol danzante, que giraba rápidamente como una rueda gigante y se arrojaba hacia la tierra como si fuera a quemarla con sus rayos, tal vez haya sido el portento precursor de un espectáculo mundial por el que millones de personas caerán de rodillas en un renacimiento de fe. Y, así como María se reveló en ese primer Milagro del Sol, podemos esperar otra revelación de su poder cuando el mundo experimente su próximo ensayo para el *Dies Irae* [día de la ira].[113]

Capítulo 4

LA REINA DEL ORIENTE

Es algo especial ver a musulmanes y católicos hallar un factor ecuménico común, basado en señales, prodigios y milagros relacionados con las apariciones marianas. Sin duda, este sería uno de los más grandes milagros religiosos en la historia que abarca a un tercio de la población mundial. Pero, hay otro grupo numeroso al que se debe incluir en la religión mundial única.

Cientos de millones de personas en el mundo hoy creen en los dioses y diosas de las religiones orientales: hindúes, budistas, taoístas y otros. Entre ellos están los millones que se han convertido a la religión oriental a través del comúnmente llamado Movimiento de la Nueva Era. En todas esas religiones, el rol de las deidades femeninas y la veneración a las diosas de la naturaleza y fertilidad es central en su sistema de creencias.

Otros grupos, incluyendo las religiones de los indios de Norteamérica, la wicca[114] y muchos otros grupos similares, siempre han recalcado la adoración a diosas. Otro factor común entre estos es su enseñanza de que todas las religiones son similares, y que debemos unirnos para resolver los innumerables problemas que enfrenta la humanidad.

La María de la Nueva Era

El libro titulado *El Mensaje de María al Mundo* contiene cientos de revelaciones dadas por una manifestación que dice ser María, las que armonizan con el pensamiento de la Nueva Era y las creencias religiosas del oriente. Aunque muchos seguidores marianos negarían que es la misma María que se presenta en los sitios católicos, las principales apariciones marianas católicas nunca han desacreditado una aparición específica alrededor del mundo. Por el contrario, las apariciones enfatizan que ella está apareciendo en todas partes con el mismo mensaje.[115]

El Mensaje de María al Mundo puede conseguirse en librerías de la Nueva Era, y quizás represente uno de los puentes entre la María católica y la "María" que apoya el pensamiento oriental y de la Nueva Era. Veamos algunos de los mensajes de "María" al mundo. Una vez más, son un llamado a unirse:

> Cada religión, bajo los aspectos externos, adora a su Creador. ¡Es el mismo Creador! Ya sea que uno ore mirando al este o ante un altar, o que lo haga el sábado o domingo, todo es adoración... Permítannos ver el mundo como un todo, y a cada nación, a cada religión, como parte de ese Gran Todo. Sean tolerantes unos con otros. Todas las religiones son hechas por el hombre, inspiradas por el Creador. Todas las palabras de los Libros Sagrados fueron escritas por hombres en unidad con el Creador.[116]
>
> Es imperativo que el mundo se una en este tiempo para orar a Dios. Oren pidiendo paz en la Tierra y entre los hombres. Quiero cubrir a toda la gente con mi amor. Deseo rodear a toda la gente de la Tierra con una red de seguridad que salvará vuestras almas.[117]
>
> Sólo como una unidad podrá la humanidad avanzar. Pronto dará un salto gigante hacia adelante.[118]

Resurgimiento de la diosa

En los círculos de la Nueva Era y las religiones orientales, muchos reconocen la gran importancia y resurgimiento de la diosa. Ella siempre ha ocupado un rol principal en sus creencias y adoración. En consecuencia, libros como *The Goddess Re-Awakening* (El nuevo despertar de la diosa) están prediciendo su regreso triunfante:

> Mas la presencia de la Diosa nunca ha abandonado su lugar sagrado en nuestra conciencia, y ahora, al entrar en lo que muchos perciben que será una "nueva era", sentimos que la Diosa de alguna manera está retornando a nosotros. Pero, en qué forma lo hará, hasta ahora no lo sabemos con claridad.[119]

Los que aceptan las creencias del oriente y la Nueva Era están abiertos a cualquier forma que esta diosa pudiera asumir al retornar. Según Caitlin Matthews, autor de *Sophia, Goddess of Wisdom* (Sofía, diosa de la sabiduría), esta diosa ha aparecido en muchas formas diversas en el pasado y de seguro volverá pronto. Matthews escribe:

> Por tanto, he buscado a la Diosa de la Sabiduría bajo muchos nombres y títulos, incluyendo Naturaleza, Alma del Mundo, Bendita Virgen y Shekina, así como sus títulos más usuales. Cada uno ha retenido una parte de la imagen de la Diosa que, como un espejo roto, espera ser restaurada... Nada retardará la segunda venida de la Diosa, ya sea como Sofía u otra forma.[120]
>
> El resurgimiento de la Divinidad Femenina —la Diosa— en el siglo 21 ha empezado a derribar las barreras conceptuales erigidas por la religión ortodoxa y el conservadorismo social. Por primera vez, en dos mil años, la idea de una Diosa como parte central de la creación está siendo bien recibida.[121]

La autora Carol Christ, en su libro *Rebirth of the Goddess* (Renacimiento de la diosa), explica más esta respuesta entusiasta por el resurgimiento de la Divinidad Femenina:

> Uno de los hechos más inesperados de fines del siglo 20 es el renacimiento de la religión de la Diosa en las culturas occidentales... En América, Europa, Australia y Nueva Zelandia, cientos de miles de mujeres y un número creciente de hombres, formados en religiones bíblicas, están descubriendo otra vez el lenguaje, los símbolos y los rituales de la Diosa.[122]

Diosas budistas, hindúes y taoístas

El budismo, el hinduismo, el taoísmo y otras religiones orientales ya hacen especial énfasis en sus diosas. Por ejemplo, los budistas tibetanos experimentan una adoración profunda e íntima por su salvadora, llamada diosa Tara:

> Quizás por ser tal concepto demasiado abstracto para mucha gente, en el budismo Mahayanna gradualmente creció la necesidad de una figura femenina... Esta vino a ser Tara, la Salvadora, cuyo nombre significa "estrella". La veneración a Tara parece haber empezado por el siglo siete u ocho en la India... La adoración a la diosa Tara es ahora uno de los cultos tibetanos más difundidos... desde las clases más altas hasta las más bajas, los tibetanos tienen con Tara una relación personal y duradera, la cual no se encuentra con ninguna otra deidad... Tara, en otras palabras, es la Madre Divina del budismo tibetano; una deidad tierna, hermosa, con una preocupación íntima y personal, y que protege a todos los que acuden a ella.[123]

Esta descripción de la diosa Tara es notablemente similar a las descripciones de los visionarios y peregrinos que adoran a la "Bendita Madre" del catolicismo. Y, los budistas no son los únicos que adoran y aprecian a su amada diosa; todas las religiones orientales veneran a deidades femeninas. Por ejemplo, las religiones hindúes no tienen comparación en su adoración y devoción a diosas, tal como lo explica David R. Kinsley:

> En las antiguas y diversas tradiciones religiosas del hinduismo, una de las características más resaltantes es la importancia de la adoración a la diosa. En las escrituras hindúes más antiguas, los himnos védicos, se encuentra un número considerable de diosas. En el hinduismo contemporáneo, el número y la popularidad de las diosas son notables. Ninguna otra tradición religiosa activa muestra una historia tan antigua, continua y diversa respecto a la adoración de diosas.[124]

Los taoístas, y miembros de otras religiones tradicionales de la China, reverencian también a muchas diosas. La más prominente en el taoísmo es conocida como la Reina Madre del Oeste. Esta diosa taoísta gobierna sobre el paraíso occidental. Se cree que se apareció a varios emperadores a lo largo de la historia, a fin de validar o negar la legitimidad de sus gobiernos. Finalmente la consideraron como cabeza de un complejo panteón de diversas diosas. Hasta hoy los taoístas adoran con gran pasión a esas amadas diosas.

Una diosa con muchos nombres

La práctica moderna de adorar a diosas es común en casi toda tribu, lengua, religión y nación. Hay abundante documentación sobre la importancia de las deidades femeninas en las religiones y culturas del mundo. Muchos creen que, en última instancia, se trata de la misma diosa: una diosa con numerosos títulos y que ha recibido muchos nombres a través de las edades.

En la Biblia vemos que el pueblo de Dios muchas veces veneró a la Reina del Cielo, conocida en tiempos bíblicos como Astarte, Astoret, Asera, Ishtar, Venus o Diana. Como veremos después en este libro, Dios pronunció palabras severas acerca de la Reina del Cielo y sus seguidores.

En otras culturas y religiones, sus disfraces y títulos incluyen: Artemis, Lilith, Minerva, Isis, Kuan Yin, Deméter, Gaya, Luna, Hectate, Afrodita, Aurora, Shing Moo, Santa Madre, Mujer del Ternero del Búfalo Blanco, Shakti, Hera, Inanna, Kali, Juno, Sofía, Ceres, Perséfone, Nuestra Señora, Bendita Madre y muchos más.

Los autores católicos Bob y Penny Lord, en *The Many Faces of Mary, A Love Story* (Los muchos rostros de María, una historia de amor), describen varias apariciones aprobadas por la iglesia. En el capítulo "María volvió y está más fuerte que nunca", explican por qué la aparición de María se presenta en tantas formas:

> María tiene muchos rostros. Cada título de María

> responde a una necesidad especial en los que acuden a ella. Y ella responde a las necesidades como madre amorosa, amiga comprensiva, confidente leal, lo que usted necesite. Ella está disponible. Nunca subestime los Muchos Rostros de María.[125]

¿Es la aparición de María la misma diosa?

¿Podría esta diosa de muchos nombres ser la Reina del Cielo que se manifiesta en nuestro tiempo? El obispo Fulton Sheen, en *El primer amor del mundo: María, Madre de Dios*, explica que todos los hombres instintivamente buscan en su religión una madre compasiva. En el capítulo "La Virgen del mundo", Sheen escribe:

> En los pueblos no cristianos es evidente el instinto de todos los hombres de buscar a una madre en su religión. Nuestros misioneros informan acerca de la reacción extraordinaria de esos pueblos cuando la estatua itinerante de Nuestra Señora de Fátima fue transportada por el oriente. En la frontera de Nepal, 3,000 hindúes y musulmanes se unieron a 300 católicos, mientras cuatro elefantes llevaban la estatua a la pequeña iglesia para rezar el rosario y recibir la bendición. En Rajkot, donde difícilmente se encuentra a un fiel, ministros de estado y altos oficiales de gobierno que no eran creyentes llegaron para rendir veneración. El alcalde de Nadiad leyó un discurso de bienvenida, recalcando cuán orgulloso se sentía de recibir a la estatua. Durante 12 horas las multitudes, no cristianas casi en su totalidad, pasaron por la iglesia mientras las misas continuaron desde las dos de la mañana hasta las nueve y media. Un anciano indio dijo: "Ella nos ha mostrado que la religión de ustedes es sincera; no es como la nuestra. Su religión es de amor; la nuestra es de temor".[126]

¿Por qué la gente del oriente reverencia a la Virgen María del catolicismo? ¿Será que no es distinta de las diosas de ellos? Sheen cita a la diosa china Kuan Yin como ejemplo de las muchas diosas orientales que son similares a la "Bendita Madre" del catolicismo:

> Existe una hermosa leyenda sobre Kuan Yin, la diosa china de misericordia, a quien los labios chinos han elevado tantos ruegos... Su intercesión en favor de misericordia fue tan grande, y ablandó tantos corazones duros del infierno, que los mismos demonios le ordenaron que se fuera. Temían que dejara vacío el infierno... Los chinos a veces la han representado como si en la cabeza llevara la imagen de Dios, a cuyo Cielo lleva a los fieles, aunque ella rehúse entrar allí mientras aún haya un alma que esté excluida.[127]

Otro ejemplo que Sheen da es el de la diosa Kwanon del Japón. Él reconoce la fuerte semejanza entre la Virgen María del catolicismo y la diosa Kwanon:

> En Japón también hay el principio femenino en la religión. Por siglos han venerado a la diosa de misericordia llamada Kwanon. Es interesante que los budistas que conocían a esta diosa de misericordia, y después aprendieron acerca de la Bendita Madre, ven a la primera como preparación para la segunda. Al convertirse en cristianos, esos budistas no necesitan dejar a Kwanon pensando que es mala; más bien, la aceptan como figura anticipada de la mujer que no es diosa sino la Madre de Misericordia misma. El artista japonés Takahira Toda, que provenía de una familia de sacerdotes budistas, se hizo miembro del Cuerpo Místico de Cristo al ver la similitud entre Kwanon y la Virgen María... sólo una característica distingue a la Virgen japonesa de las innumerables madres del Japón: un halo de luz sobre su cabeza.[128]

Sheen explica que la Virgen del catolicismo es la verdadera Kwanon —la Madre de Misericordia— a quien los japoneses han anhelado por siglos. ¿Tiene razón él? ¿Podría la Reina de las apariciones en este tiempo ser la manifestación final y definitiva de Kwanon, Kuan Yin y una multitud de diosas en la historia? ¿Acaso las futuras manifestaciones de la Reina del Cielo convencerán al pueblo oriental de que es la Madre de Misericordia? ¿Conducirá esto a la unidad bajo el dominio de la Reina?

La siguiente cita, tomada de *The Divine Feminine—Exploring the Face of God Around the World* (La divinidad femenina — Explorando el rostro de Dios alrededor del mundo), nos da más información sobre el porqué pueblos de todo trasfondo religioso aceptan las apariciones marianas:

> Los que conocen sólo la tradición cristiana no saben cuán profundas son las raíces de María, ni cómo las oraciones a ella reflejan los rezos inmemorables a las antiguas diosas. Las palabras repiten la salutación que, hace cuatro mil años, se dirigían a las diosas Inanna, Ishtar e Isis como Reina: ¡Ave! ¡Gran Señora del Cielo! ¡Ave! ¡Luz del Mundo!
>
> Millones de personas, especialmente mujeres, han orado a María como antes se oraba a Ishtar, Hator, Isis y Kuan Yin, agradeciéndole por haber tenido un parto sin problemas, y dejando en sus altares innumerables muestras de gratitud por responderles cuando suplicaron su ayuda en las crisis de su vida.[129]

Muchas formas, un objetivo

Obviamente esta diosa ha sido venerada en el mundo por miles de años. Aunque se presenta con distintos títulos, muchos investigadores creen que es la misma entidad. Sin duda su atractivo trasciende barreras religiosas y culturales, y, según ha predicho, se acerca su momento más grandioso.

Respecto a la manifestación y reinado globales venideros de la Reina del Cielo, la hermana Natalie —visionaria católica mariana— reveló que la "Reina de la Era Venidera" una vez más aparecerá en varias formas:

> Vi que cuando llegue la paz gloriosa y reine el amor,

> habrá sólo "un redil y un pastor". María, la Madre de todos los creyentes, guiará la vida de las almas apareciendo en diversas formas. Ella será la Reina de la Era Venidera. La Reina será blanca para la gente blanca, negra para la gente negra, y amarilla para la gente de complexión amarilla...[130]

La aparición de María reconoce que es la misma que se presenta en varias formas y en muchos lugares en todo el mundo:

> Soy la misma que ha aparecido por todo el mundo. Miren alrededor en esta iglesia y vean las diferentes formas en que he aparecido. Soy la Madre de Dios y he aparecido en diferentes lugares.[131]

O, considere el siguiente mensaje de una aparición de Jesús que supuestamente ocurrió en Cochabamba, Bolivia. Esta aparición recibió el imprimátur de la Iglesia Católica Romana. Estos mensajes confirman también que la misma Reina del Cielo se ha manifestado mundialmente en muchas formas:

> Hija mía, si tan solo el mundo comprendiera cuán importantes y necesarias son las apariciones de mi Madre... Mi Madre habla con la gente en muchos lugares, en el idioma en que dicen sus oraciones. Ella habla a todos porque las Buenas Nuevas de su Hijo son para todos. Los hombres se llenan de amor más fácilmente si ven que ella se parece a ellos. Por eso se aparece con las características físicas de cada país donde se presenta.[132]

Finalmente, veamos otro ejemplo de los mensajes de la Señora de Todas las Naciones, aprobados por el obispo, que explica su propósito básico al venir a la tierra. El libro empieza diciendo: "La Señora de Todas las Naciones declaró que los mensajes no estaban destinados sólo a un país o pueblo, sino a todos los pueblos del mundo".[133] La aparición explica: "Me he manifestado al mundo en diferentes formas". [134] ¿Cuál es su objetivo?

> Unidad es lo que el pueblo [de Dios] debe alcanzar; deben ser uno, y sobre ellos, "la Señora de Todas las Naciones". Naciones, una Comunidad. Recalco estas palabras: *¡Una Comunidad!*[135]

El llamado urgente de la Divina Madre para todos

Muchos mensajes de las apariciones indican que su tiempo se acerca. Se nos dice que la paz y unidad prometidas bajo la cobertura de la Reina serán para todos. ¿Cómo culminarán estos eventos? El siguiente resumen final de Michelle Rios Rice Hennelly y R. Kevin Hennelly, autores de la Nueva Era, da información sorprendente sobre la María de la Nueva Era:

> Hace unos años, mientras meditaba con mi esposo Kevin en un santuario destinado a ese fin en el norte de Nuevo México, se me apareció un hermoso ser de luz blanca y ardiente. Me dijo que no temiera y declaró que era Nuestra Señora de Luz, y que se me aparecería todos los días por el resto de mi vida. Mi corazón se llenó con su luz, el fuego de amor puro, y mi vida cambió para siempre.
>
> Pronto se reveló como la Divina Madre, el lado femenino de Dios conocido a través de las edades bajo mil nombres. Yo la llamo María porque es el nombre más familiar para mí. Ella sigue viniendo a mí, trayendo enseñanzas y profecías. Me ha pedido que las comparta, y lo hago como vaso humilde de un ser mucho más grandioso de lo que nuestras mentes pueden comprender.
>
> La Divinidad Femenina es conocida bajo mil nombres y reverenciada en ese mismo número de formas, desde Isis hasta María, la madre de Jesús. La conocemos mediante su amor, sabiduría, gracia, poder, belleza, creatividad, protección y compasión. La llamamos María, porque este nombre nos es más familiar. A través de las edades, ella ha concedido sus muchas bendiciones a sus seguidores y devotos. Hoy está

trayendo un mensaje urgente a la gente de todo trasfondo, creencia y fe alrededor del mundo.

Está revelando que el mundo, tal como lo conocemos, está llegando a su fin, y de sus cenizas nacerán "una nueva forma de existencia, una nueva forma de ser y una nueva forma de conocer". También revela que su tiempo en la tierra llegará nuevamente, pero esta vez no será una encarnación como cuando vino como madre de Jesús. Esta vez vendrá con su consciencia de luz y amor puros, que penetrarán en todos y en todo en este planeta. Será, dice ella, el Tiempo de la Diosa... Los hechos que suceden en todo el mundo, los desastres causados por el hombre y los desastres naturales, son parte de la preparación para su retorno.[136]

Capítulo 5

EXAMINEMOS LOS MENSAJES

Hasta este punto, es evidente que está ocurriendo un fenómeno mundial de enormes proporciones. La pregunta es: ¿Cómo podemos discernir si las apariciones son enviadas por Dios o no? ¿Es posible que algunas sean realmente María y otras sean un engaño? ¿Deberíamos aceptar sin reserva que las apariciones son la María de la Biblia, y que Dios la ha enviado para ayudarnos en estos tiempos críticos? Los que siguen la Palabra de Dios conocen la respuesta. Hemos recibido el mandato de probar todo espíritu para saber si viene de Dios.

La Palabra de Dios es nuestro filtro

¿Cómo podemos determinar si las manifestaciones provienen de Dios? ¿Cómo probamos las apariciones para determinar si son para bien? La respuesta es clara: Debemos evaluar todo con la Palabra de Dios: "Examinadlo (probad, investigad, discernid) todo; retened lo bueno" (1 Tesalonicenses 5:21). Veamos por un momento algunas evidencias abrumadoras, las que prueban que la Biblia es verdaderamente la Palabra de Dios y nuestra única fuente para filtrar toda declaración espiritual.

> Santifícalos en tu verdad; tu palabra es verdad (Juan 17:17).

La Biblia declara que sólo ella es la Palabra de Dios. ¿Cómo podemos estar seguros? La Palabra de Dios da innumerables pruebas que muestran que es confiable. Todo medio humano para discernir el ámbito espiritual tiene la posibilidad de fallar. Todo libro inspirado por el hombre puede errar. Pero, si se puede demostrar que la Biblia es inspirada por Dios, podemos creer confiadamente que probará toda afirmación celestial.

En nuestro anterior libro, *Messages from Heaven* (Mensajes del cielo), examinamos varias evidencias de que la Biblia, y sólo ella, es la inerrante Palabra de Dios. Estas incluyeron:

1 Examinar algunas de las muchas profecías mesiánicas escritas cientos de años antes de la primera venida de Cristo, las cuales Él cumplió literalmente.

2 Investigar las pruebas infalibles de la resurrección de Cristo Jesús.

3 Estudiar varias profecías asombrosas respecto a la nación de Israel.

4 Enumerar datos científicos mencionados en la Palabra de Dios cientos de años antes de que la ciencia descubriera su validez.

Profecías bíblicas sobre los últimos tiempos

Para los fines de este libro, recalcaremos sólo una área de evidencias. Dios de antemano anunció en Su Palabra muchas señales de los últimos tiempos. Jesús indicó que esas señales aumentarían —creciendo en intensidad como dolores de parto— en la generación final (Lucas 21:28-32). Veamos algunas profecías bíblicas sobre los últimos tiempos, las que confirman que la Biblia es en verdad la inerrante Palabra de Dios para la humanidad.

1 Falsos maestros de la Biblia codiciarían dinero. Hablarían astutamente, tendrían muchos seguidores y desviarían la fe cristiana (2 Pedro 2:1-3). Un número creciente de evangelistas que aparecen por la TV personifican esto.

2 La humanidad sería capaz de destruir toda vida (Mateo 24:21-22). Tenga en cuenta que, cuando Jesús predijo

esto, las armas de Su tiempo eran las espadas y lanzas. Hoy, con armas nucleares, biológicas y químicas, es posible destruir a toda la gente de la tierra.

3 Se anunció el uso de armas nucleares (Zacarías 14:12). La bomba de neutrones consume (disuelve) a sus víctimas tal como Zacarías predijo hace 2,500 años. Esto ni se podía imaginar en su tiempo.

4 Habría un clamor mundial en busca de paz (1 Tesalonicenses 5:3). Nunca se ha realizado un esfuerzo unido y global para procurar la paz a cualquier precio como se ve en nuestros días.

5 Se predijeron las comunicaciones mundiales (Apocalipsis 11:9-10; 17:8). Las profecías bíblicas de que el mundo entero "vería" ciertos eventos, se han cumplido. La invención de la televisión, y el lanzamiento de redes mundiales de satélite en el siglo 20, permiten por primera vez que las noticias recorran el mundo a la velocidad de la luz. En los días de Juan las noticias se transmitían a la velocidad del caballo.

6 El evangelio de Cristo se predicaría como testimonio a todas las naciones (Mateo 24:14; Marcos 13:10; Apocalipsis 14:6). Hoy, toda la Biblia o porciones de ella se han traducido a más de 2,300 idiomas y dialectos, cubriendo más del 90% de la población mundial.

7 La posesión de Jerusalén sería el centro de conmoción internacional (Zacarías 12:3). Casi a diario las noticias mundiales reportan sobre el conflicto en torno a Jerusalén.

8 Se negaría que Dios una vez inundó la tierra (el diluvio en tiempo de Noé — 2 Pedro 3:5-6). Existen numerosos fósiles como prueba de ese hecho, pero la mayor parte del mundo científico prefiere ignorarlos porque fue un juicio de Dios por la maldad del hombre.

9 Rusia (Magog) se levantaría como potencia militar en los últimos días (Ezequiel 38).

10 La nación de Israel nacería en un día (Isaías 66:8). El 14 de mayo de 1948 Israel llegó a ser nación. En el registro de la historia, ninguna otra nación estuvo dispersa por cientos de años y luego se reunió otra vez. ¡Pero Dios lo anunció y lo hizo ante nuestros ojos!

11 Los judíos empezarían a reunirse nuevamente en Israel (Jeremías 31:7-10; Ezequiel 37:21-22; 38:8). ¡Más de cinco millones de judíos han vuelto a Israel en tiempos recientes! Esta profecía improbable, por sí sola, es evidencia clara de que la Biblia es inspirada por Dios.

12 Los judíos recobrarían control de la Jerusalén bíblica (Zacarías 12:6; Lucas 21:24). ¡Esto sucedió en 1967!

13 Asia (los reyes del oriente) podría enviar un ejército de 200 millones de hombres en los últimos días de la tierra (Apocalipsis 9:14-16; 16:12). Recuerde que cuando Juan escribió esta profecía hace 2,000 años, se calcula que sólo había 170 a 400 millones de personas en todo el planeta. No obstante, según la CIA, China sola tiene hoy 281 millones de hombres aptos para el servicio militar.

14 Egipto existiría en los últimos tiempos, pero sólo como una nación sin importancia del tercer mundo (Ezequiel 29:14-16). Egipto era una de las civilizaciones más poderosas en la antigüedad. Pero, como se profetizó, hoy aún existe pero es una nación pobre. Para comprobar lo asombroso de esta profecía, compare al Egipto moderno con la pequeña nación de Austria. Egipto posee diez veces más territorio y su población es ocho veces más numerosa que la de Austria. Sin embargo, el Ingreso Nacional Bruto de Egipto es sólo una quinta parte del de Austria.

15 La rebeldía de la juventud aumentaría (2 Timoteo 3:2-3; Marcos 13:12; Isaías 3:4-5, 12). No necesitamos comentar más al respecto.

16 La homosexualidad se practicaría sin temor al final de los tiempos. Jesús advirtió que los últimos días serían

como los de Lot, quien vivía en la corrupta Sodoma (Lucas 17:28-30). Sabemos que la raíz del pecado de Sodoma fue la soberbia y entrega a los placeres, como ocurre ahora. Pero, su condenación final se debió a la práctica agresiva del pecado de homosexualidad (Génesis 19; Judas 1:7). Hoy en día la agenda homosexual se defiende sin temor y se impone sobre toda la sociedad.

17 Se predijo el uso epidémico de drogas (Apocalipsis 9:21). La palabra griega para hechicerías es farmakeia, que también se refiere al uso de drogas, tanto ilegales como las que alteran la mente. El uso de drogas ilegales y la distribución de drogas que alteran la mente ha aumentado en forma marcada en la generación actual.

18 También se predijo la hechicería (brujería, magia o prácticas ocultistas para encantar y engañar) en los últimos tiempos (Apocalipsis 9:21; 18:23; Isaías 47:9-15; Miqueas 5:10-15). En la actualidad está creciendo el interés en el ocultismo.

19 Los sistemas financieros dependerían de números, no de dinero en efectivo (Apocalipsis 13:17-18). Recuerde: esta profecía se dio 2,000 años antes de esta sociedad dominada por las computadoras.

20 Muchos dirían ser el Cristo (Mateo 24:5). Jesús fue un predicador itinerante que nunca salió de la pequeña nación de Israel, pero se atrevió a decir que muchos vendrían en Su nombre, afirmando ser el Cristo. Hoy, como se predijo, multitudes en el movimiento de la Nueva Era, en las religiones orientales y en las sectas declaran que son el Cristo.

21 La generación final aceptaría recibir una marca en la mano derecha o en la frente (Apocalipsis 13:16). Piense en la presente generación que lleva tatuajes, perforaciones y marcas con toda clase de símbolos.

22 La gente rechazaría la sana doctrina de la Palabra de Dios, siguiendo doctrinas humanas que apelan a su propia

concupiscencia (2 Timoteo 4:3-4; Hechos 20:29-30). Jesús predijo también que habría muchos hipócritas en la iglesia (Mateo 24:48-51; 7:22-23).

23 La blasfemia sería una práctica común (2 Timoteo 3:2; Apocalipsis 16:9, 11, 21). Piense con cuánta frecuencia la gente usa en vano el nombre de su Creador (Dios, Señor, Jesucristo). Hace 50 años, Hollywood rara vez usaba así el nombre de Dios. Ahora casi todas las películas contienen blasfemias.

24 La inmoralidad sexual se extendería sin control (Judas 18; Apocalipsis 9:21). Recuerde, Jesús dijo que cualquiera que mire a una persona codiciándola, ya adulteró en su corazón (Mateo 5:28). En la actualidad la lascivia se promueve por todo medio imaginable.

25 La gente se reiría de las señales de advertencia sobre el fin del mundo, afirmando que estas nunca han cambiado (2 Pedro 3:3-4). La Biblia revela incluso la motivación de la gente: aman la lujuria.

Hay muchas otras profecías sobre los últimos tiempos; algunas son muy detalladas para incluirlas en esta lista breve.[137] Pero, estas 25 muestran que la Biblia es la inspirada Palabra de Dios. Ningún otro "libro sagrado" relata profecías específicas que se han cumplido. No lo hace el Corán, ni el Libro de Mormón, ni las Vedas del hinduismo ni ninguna otra obra. La Biblia, por el contrario, presenta cientos de profecías verificables que se han cumplido en el curso de la historia hasta el presente. Dios declara que Su poder para describir la historia de antemano lo distingue de todos los otros supuestos dioses.[138]

Si comparamos el récord de cumplimiento de las profecías bíblicas —100 por ciento— con otras fuentes que se dicen proféticas, realmente no hay comparación. Los falsos profetas generalmente caen en dos categorías. Plagian las profecías de la Biblia, presentándolas con algunas variaciones a las masas crédulas, o hacen tantas profecías vagas que alguna tendrá que cumplirse. Nostradamus hizo ambas cosas.[139]

Tenemos buen fundamento para confiar en la Palabra de Dios. Por tanto, con la Biblia como guía, examinemos las apariciones y sus mensajes.

El Movimiento Mariano

Para los que no están familiarizados con el Movimiento Mariano, daremos un resumen de los frutos del mismo. En el Movimiento Mariano hay muchas personas bondadosas y rectas que en verdad anhelan paz en la tierra. A muchos les indignan las atrocidades morales que plagan nuestra sociedad, y esperan que Dios, mediante la Virgen María, ponga fin a horrores tales como las guerras, el genocidio, el aborto, la eutanasia y la decadencia moral.

Muchas personas del Movimiento Mariano están en el frente de batalla, luchando contra los crímenes morales que destruyen a la sociedad. Tienen una fe activa por medio de la oración y el ministerio. Al estar con muchos de ellos, se percibe en el ambiente la emoción y expectativa. Creen que Dios pronto actuará poderosamente a través de la Virgen María para eliminar la maldad y traer la paz.

Jesús dijo que el mundo reconocería a Sus seguidores por el amor y los frutos buenos en sus vidas (Juan 13:35; Mateo 7:15-20). Por tanto, en el Movimiento Mariano los seguidores a menudo señalan los buenos frutos, el amor y las vidas transformadas de sus miembros como evidencia de que el movimiento es de Dios. Pero, aunque esa es una prueba bíblica para los seguidores de Cristo, no es el método bíblico para probar los espíritus. La Biblia ordena que probemos los espíritus, advirtiéndonos que hay otro evangelio, un evangelio falso: "Mas si aun nosotros, o un ángel del cielo, os anunciare otro evangelio... sea anatema" (Gálatas 1:8).

De modo que, aunque parezca que hay muchas personas sinceras y temerosas de Dios en el Movimiento Mariano, eso en sí no significa necesariamente que las apariciones provienen de Dios. Debemos probar los espíritus con la Palabra de Dios.

Examinemos los espíritus

Quienes conocen la Palabra de Dios saben que debemos ser cautelosos al tratar con supuestos visitantes celestiales. El apóstol Juan nos recuerda: "Amados, no creáis a todo espíritu, sino probad los espíritus si son de Dios; porque muchos falsos profetas han salido por el mundo" (1 Juan 4:1). Pablo agrega esta advertencia: "El mismo Satanás se disfraza como ángel de luz. Así que, no es extraño si también sus ministros se disfrazan como ministros de justicia" (2 Corintios 11:14-15). Además, el Nuevo Testamento repetidamente advierte de engaños que se harán en el nombre de Cristo en los últimos tiempos:

> Porque se levantarán falsos Cristos, y falsos profetas, y harán grandes señales y prodigios, de tal manera que engañarán, si fuere posible, aun a los escogidos (Mateo 24:24).

> Pero el Espíritu dice claramente que en los postreros tiempos algunos apostatarán de la fe, escuchando a espíritus en-gañadores y a doctrinas de demonios (1 Timoteo 4:1).

La principal manera para probar a los supuestos "mensajeros del cielo" es examinar sus mensajes con la Palabra de Dios:

> Toda la Escritura es inspirada por Dios, y útil para enseñar, para redargüir, para corregir, para instruir en justicia (2 Timoteo 3:16).

¿Mensajes del cielo?

Para empezar, examinemos algunos mensajes de apariciones marianas que han recibido plena aprobación de la Iglesia Católica Romana,[140] o llevan el imprimátur del obispo católico local.[141] Los mensajes de apariciones que han recibido plena aprobación de la iglesia están precedidas por una *. Los mensajes de apariciones que llevan el imprimátur del obispo católico local están precedidas por una O. Después de cada mensaje, incluimos pasajes bíblicos con los que podemos verificarlo. En la sección de Notas se da la fuente de los mensajes de las apariciones.

☆ Sólo yo puedo salvarles aún de las calamidades que se acercan. Los que confíen en mí se salvarán.[142]

> Jehová es mi roca y mi fortaleza, y mi libertador; Dios mío, fortaleza mía, en él confiaré; mi escudo, y el fuerte de mi salvación, mi alto refugio; Salvador mío; de violencia me libraste. Invocaré a Jehová, quien es digno de ser alabado, y seré salvo de mis enemigos (2 Samuel 22:2-4).
>
> Yo, yo Jehová, y fuera de mí no hay quien salve (Isaías 43:11).

☆ Firmemente afirmo que Su sufrimiento llegó a ser mi sufrimiento, porque Su corazón era mío. Y así como Adán y Eva traicionaron al mundo por una manzana, en cierto sentido así mi Hijo y yo redimimos al mundo con un corazón...[143]

> Nuestro Redentor, Jehová de los ejércitos es su nombre, el Santo de Israel (Isaías 47:4).
>
> Porque también Cristo padeció una sola vez por los pecados, el justo por los injustos, para llevarnos a Dios (1 Pedro 3:18).

☆ [Jesús] desea establecer en el mundo la devoción a Mi Inmaculado Corazón... [recordó Lucía]. En la palma de la mano derecha de Nuestra Señora había un corazón, rodeado de espinas, que parecían haberlo hincado como clavos. Comprendimos que era el Inmaculado Corazón de María indignado por los pecados de la humanidad, por los cuales debe hacerse reparación.[144]

> Pero Cristo, habiendo ofrecido una vez para siempre un solo sacrificio por los pecados, se ha sentado a la diestra de Dios, de ahí en adelante esperando hasta que sus enemigos sean puestos por estrado de sus pies; porque con una sola ofrenda hizo perfectos para siempre a los santificados... no hay más ofrenda por el pecado (Hebreos 10:12-14, 18).

> Mas él herido fue por nuestras rebeliones, molido por nuestros pecados; el castigo de nuestra paz fue sobre él, y por su llaga fuimos nosotros curados (Isaías 53:5).

☆ Es por esto que, como Madre, como Inmaculada Madre, Mediadora de todas las Gracias, les llamo a este lugar... para que mi unión con ustedes sea más íntima y vital, mediante el Espíritu Santo, permitiéndoles vivir profundamente en el espíritu del Evangelio.[145]

> Porque hay un solo Dios, y un solo mediador entre Dios y los hombres, Jesucristo hombre (1 Timoteo 2:5).
>
> Así que, por eso [Jesús] es mediador de un nuevo pacto (Hebreos 9:15).

O No se dejen dominar por el temor o desaliento. Tengan gran confianza en la poderosa obra de intercesión y mediación de su Madre celestial.[146]

> Cristo es el que murió; más aun, el que también resucitó, el que además está a la diestra de Dios, el que también intercede por nosotros (Romanos 8:34).
>
> Por lo cual [Jesús] puede también salvar perpetuamente a los que por él se acercan a Dios, viviendo siempre para interceder por ellos (Hebreos 7:25).

O El mundo está degenerando, tanto así que fue necesario que el Padre y el Hijo me enviaran al mundo, a estar entre todas las personas, para ser su Abogada y salvarlas.[147]

> Y si alguno hubiere pecado, abogado tenemos para con el Padre, a Jesucristo el justo. Y él es la propiciación por nuestros pecados; y no solamente por los nuestros, sino también por los de todo el mundo (1 Juan 2:1-2).
>
> Porque no envió Dios a su Hijo al mundo para

condenar al mundo, sino para que el mundo sea salvo por él (Juan 3:17).

O Hasta que yo sea reconocida allí donde la Santísima Trinidad ha querido que esté, no podré ejercer mi poder pleno, en la obra maternal de corredención y mediación universal de las gracias... Hijos, permitan ser transformados por mi acción poderosa como Madre, Mediadora de Gracias y Corredentora.[148]

Digno eres de tomar el libro y de abrir sus sellos; porque tú fuiste inmolado, y con tu sangre nos has redimido para Dios (Apocalipsis 5:9).

Así dice Jehová Rey de Israel, y su Redentor, Jehová de los ejércitos: Yo soy el primero, y yo soy el postrero, y fuera de mí no hay Dios (Isaías 44:6).

O Yo soy la que está relacionada con la DIVINA TRINIDAD — Soy la Virgen de la Revelación.[149]

... antes de mí no fue formado dios, ni lo será después de mí (Isaías 43:10).

Yo soy el Alfa y la Omega, principio y fin, dice el Señor, el que es y que era y que ha de venir, el Todopoderoso (Apocalipsis 1:8).

O ¡Hija mía, en este tiempo, yo soy el Arca para todos tus hermanos! Soy el Arca de paz, soy el Arca de salvación, el Arca donde mis hijos deben entrar si desean vivir en el reino de Dios.[150]

Y en ningún otro hay salvación; porque no hay otro nombre bajo el cielo, dado a los hombres, en que podamos ser salvos (Hechos 4:12).

Y este es el testimonio: que Dios nos ha dado vida eterna; y esta vida está en su Hijo. El que tiene al Hijo, tiene la vida; el que no tiene al Hijo de Dios no tiene la vida (1 Juan 5:11-12).

O Amados hijos, hoy están contemplando el inmaculado esplendor de su Madre celestial. Soy la Inmaculada Concepción. Soy la única criatura libre de toda mancha de pecado, aun del pecado original. Soy totalmente hermosa.[151]

> Mas la Escritura lo encerró todo bajo pecado, para que la promesa que es por la fe en Jesucristo fuese dada a los creyentes (Gálatas 3:22).
>
> Ninguno hay bueno, sino sólo Dios (Lucas 18:19).

☆ No se entristezcan. Yo estoy con ustedes aunque no me vean. Soy la Madre de todos ustedes, pecadores.[152]

> Yo [Jesús] estoy con vosotros todos los días, hasta el fin del mundo (Mateo 28:20).
>
> No temas, porque yo estoy contigo; no desmayes, porque yo soy tu Dios que te esfuerzo; siempre te ayudaré, siempre te sustentaré con la diestra de mi justicia (Isaías 41:10).

Estos son sólo algunos de los innumerables mensajes, los cuales muestran que las apariciones marianas claramente contradicen las enseñanzas bíblicas. En *Messages From Heaven* (Mensajes del cielo) comparamos con la Biblia muchos otros mensajes de apariciones. Estos revelan que la aparición afirma tener muchos atributos que sólo posee Jesús (quien es Dios). Únicamente Dios es sin pecado, omnipresente y divino; es el Salvador, el Redentor, nuestro Abogado, nuestra fortaleza, nuestra paz, etc. Como veremos en el siguiente capítulo, en los mensajes y acciones de las apariciones hay muchos otros aspectos que deben preocuparnos.

Capítulo 6

REVELACIÓN BÍBLICA SOBRE LA REINA DEL CIELO

Digna de adoración

En la mayoría de los sitios de apariciones hay una práctica que perturba. La aparición de María insta a sus seguidores a que la adoren. Muchos visionarios y videntes incluso afirman que, al presentarse la aparición, son forzados a caer de rodillas. Según declaran otros, la aparición les dice que se arrodillen.

Bob y Penny Lord, defensores entusiastas de las apariciones marianas, dicen que la aparición en Lourdes hizo que la visionaria Bernadette se arrodillara.[153] También reportan que la primera vez que ocurrió la aparición en Medjugorje, los seis niños "sintieron que algo los forzó a arrodillarse".[154] En un video se ve a los seis jóvenes visionarios en Medjugorje, cayendo de rodillas simultáneamente al ver la aparición. El video *Messages From Heaven* (Mensajes del cielo) muestra muchos ejemplos de peregrinos arrodillándose, arrastrándose, inclinándose o postrándose ante imágenes, estatuas o apariciones de María.[155]

Además, la aparición de María en Lourdes, Francia; Guadalupe, México; Beauraing, Bélgica; Fátima, Portugal, y en muchos otros lugares, pide que en su honor se edifiquen altares o templos a donde los fieles puedan ir a venerarla.[156] Recordemos que la Iglesia Católica Romana aprobó plenamente las apariciones en esos cuatro sitios. El mensaje es claro en todos esos lugares principales: La aparición de María es digna de adoración, honor y alabanza.

Asimismo, las apariciones han inspirado numerosas oraciones que los fieles deben rezar y obedecer. Un ejemplo de oración a María se encuentra en la popular obra *Devotions in Honor of Our Mother of Perpetual Help* (Devociones en honor a nuestra Madre del Perpetuo Socorro):

> Oh, Madre del Perpetuo Socorro, he aquí a tus pies un vil pecador que a ti acude y en ti confía. Madre de Misericordia, ten piedad de mí. Oigo que todos te llaman Refugio y Esperanza de los pecadores; sé, pues, mi refugio y mi esperanza... Oh, Madre del Perpetuo Socorro, concédeme que siempre pueda invocar tu poderosísimo nombre, que es la salvaguarda de los vivientes y la salvación de los que están muriendo.[157]

Note que al empezar la oración, el vil pecador está a los pies de María. En esta popular obra de devociones se promueve repetidamente una clara idolatría a María; no obstante, la María de las apariciones nunca ha advertido que no lo hagan. ¿Cree que la humilde María de la Biblia pediría a la gente que se postrara a sus pies? ¿No quebrantaría eso el segundo mandamiento? Esto es lo que declara la Biblia:

> No tendrás dioses ajenos delante de mí. No te harás imagen, ni ninguna semejanza de lo que esté arriba en el cielo, ni abajo en la tierra, ni en las aguas... **No te inclinarás a ellas**, ni las honrarás; porque yo soy Jehová tu Dios, fuerte, celoso... (Éxodo 20:3-5).
>
> Mirad a mí, y sed salvos, todos los términos de la tierra, porque yo soy Dios, y no hay más (Isaías 45:22).
>
> ¿A quién tengo yo en los cielos sino a ti? Y fuera de ti nada deseo en la tierra (Salmos 73:25).

Adorad a Dios

La Biblia repetidamente ordena a los creyentes que adoren sólo a Dios. En Apocalipsis leemos que el apóstol Juan se postró a los pies de un ángel magnificente. Pero de inmediato éste le dijo: "Mira, no lo hagas; porque yo soy consiervo tuyo, de tus hermanos los profetas, y de los que guardan las palabras de este libro. Adora a Dios" (Apocalipsis 22:9). El ángel no podría haberlo expresado con más claridad: toda la creación debe adorar exclusivamente a Dios.

Cuando Jesús fue guiado al desierto para ser tentado por el diablo, vemos que éste deseaba ser adorado. "[Satanás] le mostró todos los reinos del mundo y la gloria de ellos, y le dijo: Todo esto te daré, si postrado me adorares. Entonces Jesús le dijo: Vete, Satanás, porque escrito está: Al Señor tu Dios adorarás, y a él sólo servirás" (Mateo 4:8-10).

Jesús declara específicamente que sólo el Señor debe ser adorado; debemos postrarnos únicamente a los pies de Dios. Sin embargo, sabemos que Jesús permitió que Sus seguidores le adorasen (Mateo 14:28-33), estableciendo así que Él es Dios. Pero a ninguna criatura, ni a María, debemos adorar. Nuestro Creador, nuestro Amo, nuestra Vida, merece nuestra devoción total. Por supuesto, la verdadera María de la Biblia no contradeciría a la Palabra de Dios. Por tanto, las manifestaciones de la Reina del Cielo no pueden ser la bendita virgen María de Nazaret.

> Para que en el nombre de Jesús se doble toda rodilla de los que están en los cielos, y en la tierra, y debajo de la tierra; y toda lengua confiese que Jesucristo es el Señor, para gloria de Dios Padre (Filipenses 2:10-11).

Idolatría

En Isaías 46, Dios compara cómo Él lleva a Su pueblo, mientras que los ídolos hay que cargarlos.[158] En Babilonia los ídolos eran algo común. Los babilonios hacían estatuas de sus distintos dioses y los cargaban durante numerosas ceremonias y festividades religiosas. Dios dice que esos ídolos son inútiles además de ser una abominación: "... se postran y adoran [a un ídolo]. Se lo echan sobre los hombros, lo llevan, y lo colocan en su lugar; allí se está, y no se mueve de su sitio. Le gritan, y tampoco responde, ni libra de la tribulación" (Isaías 46:6-7).

En muchos pasajes bíblicos se profetiza que la idolatría prevalecería en la tierra en los últimos días.[159] Lamentablemente, la idolatría de la época de Isaías va en aumento en este tiempo. Isaías 46 describe a la gente postrándose para venerar estatuas de falsos dioses y diosas babilonios, a pesar del mandato de Dios de que no se inclinaran ante imágenes. Dios contrasta cómo los ídolos tenían que ser cargados, mientras que sólo Él podía llevar a Su pueblo:

> ... sus imágenes fueron puestas sobre bestias, sobre animales de carga; esas cosas que vosotros solíais llevar son alzadas cual carga, sobre las bestias cansadas. Fueron humillados, fueron abatidos juntamente; no pudieron escaparse de la carga, sino que tuvieron ellos mismos que ir en cautiverio. Oídme, oh casa de Jacob, y todo el resto de la casa de Israel, los que sois traídos por mí desde el vientre, los que sois llevados desde la matriz. Y hasta la vejez yo mismo, y hasta las canas os soportaré yo; yo hice, yo llevaré, yo soportaré y guardaré. ¿A quién me asemejáis, y me igualáis, y me comparáis, para que seamos semejantes? (Isaías 46:1-5).

La idolatría descrita en Isaías 46 conduce al juicio de la "señora de reinos" que incitaba a esa conducta idólatra. En Isaías 47 se describe a la "virgen hija de Babilonia" y su juicio. Más adelante estudiaremos ese capítulo.

Siendo nuestro Creador y Señor, Dios con justicia muestra celo por nuestra total devoción. En las Escrituras, Dios muchas veces advierte a Su pueblo que lo adoren sólo a Él y que no hagan ni adoren figuras, imágenes o ídolos:

> Guardad, pues, mucho vuestras almas; pues ninguna figura visteis el día que Jehová habló con vosotros de en medio del fuego; **para que no os corrompáis**

> **y hagáis para vosotros escultura, imagen de figura alguna, efigie de varón o hembra**... No sea que... seas impulsado, y te inclines a ellos y les sirvas (Deuteronomio 4:15-16, 19).

Imágenes

A pesar de las repetidas advertencias del Creador contra la idolatría, la aparición de María instruye a sus seguidores que veneren las estatuas e imágenes de ella. El siguiente mensaje proviene de un libro que lleva el imprimátur de un obispo y un arzobispo católicos:

> Como Madre deseo decirles que estoy aquí con ustedes, representada por la estatua que tienen en este lugar. Cada una de mis estatuas es señal de una presencia mía y les recuerda a su Madre celestial. **Por tanto, debe ser honrada y puesta en lugares de mayor veneración**... deben mirar con amor todas las imágenes de su Madre celestial...[160]

La aparición anima a sus seguidores a hacer imágenes de ella y honrarlas. Ni una sola vez en la Biblia vemos que un obediente seguidor del Señor haga una imagen para venerarla, inclinarse ante ella u orarle. Ni una sola. En muchos sitios de apariciones, las estatuas de María son cargadas y veneradas en procesiones públicas. Muchos seguidores marianos incluso van hasta la estatua de María de rodillas (a menudo, rodillas sangrantes), como muestra de reverencia y adoración a la Reina del Cielo.[161] Sin embargo, ninguna de las apariciones que hemos estudiado ha impedido esa conducta antibíblica.

No debe sorprendernos que tal idolatría sea exactamente el mal del que Dios advierte en los últimos días. En Apocalipsis se nos dice que cuando Dios esté juzgando a la humanidad no arrepentida, muchos continuarán adorando ídolos y, por extensión, a los demonios que hay tras ellos:

> Y los otros hombres que no fueron muertos con estas plagas, ni aun así se arrepintieron de las obras de sus manos, ni dejaron de adorar a los demonios, y a las

> imágenes de oro, de plata, de bronce, de piedra y de madera, las cuales no pueden ver, ni oír, ni andar (Apocalipsis 9:20).

Consagración a "María"

Además de promover la idolatría, la aparición pide a sus seguidores que consagren completamente sus vidas al cuidado de ella. En la antigüedad, hacer una declaración solemne o jurar en el nombre de un dios significaba aceptarlo como propio. Los israelitas recibieron el mandato de jurar sólo por Jehová (Deuteronomio 10:20). Jurar por otra deidad es abominación a Dios:

> Pero el rey se alegrará en Dios; será alabado cualquiera que jura por [Dios]; porque la boca de los que hablan mentira será cerrada (Salmos 63:11).

> Los que juran por el pecado de Samaria [un ídolo], y dicen: Por tu Dios, oh Dan, y: Por el camino de Beerseba, caerán, y nunca más se levantarán (Amós 8:14).

> Exterminaré de este lugar los restos de Baal, y el nombre de los ministros idólatras con sus sacerdotes; y a los que sobre los terrados se postran al ejército del cielo, y a los que se postran jurando por Jehová y jurando por Milcom (Sofonías 1:4-5).

En el pasaje de Sofonías, note que los que juran por el Dios verdadero y por dioses falsos son tan culpables como quienes lo hacen sólo por dioses falsos. Lamentablemente, hoy es muy común que, muchos que dicen ser cristianos, consagren su vida al "Inmaculado Corazón de María".

En 1984, el Papa Juan Pablo II consagró al mundo entero y a todos los pueblos al "Inmaculado Corazón de María", en respuesta al pedido de Nuestra Señora de Fátima. He aquí una parte de su oración consagratoria:

> Recurrimos a tu protección, santa Madre de Dios... Acoge con el amor de Madre y Sierva del Señor a nuestro género humano, el que confiamos y consagramos a ti...

> Encomendándote, oh Madre, al mundo, a todas las personas y pueblos, también encomendamos a ti esta consagración del mundo, depositándola en tu corazón maternal.[162]

Millones de personas han consagrado su ser, familia y nación, y el mundo a la aparición de María. El Dr. Mark Miravalle, erudito mariano, explica en qué consiste la consagración:

> La consagración es una promesa de amor y el regalo de uno mismo, entregando todo lo que somos y hacemos, sin limitación, al Inmaculado Corazón de María de modo que ella pueda llevarnos más perfectamente al Sagrado Corazón de Jesús.[163]

Los siguientes mensajes de apariciones, aprobados por un obispo, explican los mandatos y promesas de la Reina del Cielo a los que consagren sus vidas a ella:

> No debe haber líder entre ustedes. *Yo misma seré su Líder*. Todos ustedes deben ser hermanos: amándose, entendiéndose y ayudándose unos a otros. Lo único que importa es que permitan que yo los forme: para esto es necesario que cada uno se entregue y consagre a mi Inmaculado Corazón, y que se encomiende completamente a mí, así como Jesús se encomendó totalmente a mí; y entonces yo me haré cargo de todo.[164]
>
> A todo aquel que se consagre a mí, otra vez le prometo salvación: seguridad de no errar en este mundo y salvación eterna.[165]

Dios, por el contrario, nos ordena que confiemos sólo en Él: "Fíate de Jehová de todo tu corazón, y no te apoyes en tu propia prudencia. Reconócelo en todos tus caminos, y él enderezará tus veredas" (Proverbios 3:5-6). "Al Señor tu Dios adorarás, y a él sólo servirás" (Mateo 4:10).

En Éxodo 32 se nos dice que mientras Moisés estaba en el monte Sinaí, recibiendo los Diez Mandamientos, el pueblo le pidió a Aarón que les hiciera un dios. Esa idolatría provocó la ira de Dios y 3,000 hombres murieron. Ese día Moisés amonestó a la gente con estas palabras:

> Hoy os habéis consagrado a Jehová, pues cada uno se ha consagrado en su hijo y en su hermano, para que él dé bendición hoy sobre vosotros (Éxodo 32:29).

Después de este incidente, Dios una vez más le recordó a Su pueblo que no participara en las actividades idólatras de los paganos:

> Guárdate de hacer alianza con los moradores de la tierra donde has de entrar, para que no sean tropezadero en medio de ti. Derribaréis sus altares, y quebraréis sus estatuas, y cortaréis sus imágenes de Asera. Porque no te has de inclinar a ningún otro dios, pues Jehová, cuyo nombre es Celoso, Dios celoso es. Por tanto, no harás alianza con los moradores de aquella tierra; porque fornicarán en pos de sus dioses (Éxodo 34:12-15).

Oraciones a la Reina del Cielo

Más oraciones se elevan a la Reina del Cielo que a ningún otro ser. Cada día se rezan millones de "Ave Marías". Jesús, por el contrario, dijo a Sus seguidores que no repitieran una y otra vez las mismas oraciones: "Y orando, no uséis vanas repeticiones, como los gentiles, que piensan que por su palabrería serán oídos" (Mateo 6:7). Dios quiere nuestro corazón, no repeticiones sin sentido.

Además, para responder todas esas peticiones, María tendría que ser omnisciente, omnipresente y omnipotente. En ninguna parte de la Biblia se acredita esos atributos a una persona creada o a un ángel, ni a María. Sólo Dios sabe todo, está en todo lugar y es todopoderoso.

En el mundo millones rezan también el rosario (en obediencia a la aparición), que consiste en diez "Ave Marías" por cada "Padrenuestro", y concluye con la oración "Salve":

> Dios te salve, Reina y Madre de misericordia. Vida, dulzura y esperanza nuestra, Dios te salve. A ti

> llamamos los desterrados hijos de Eva; a ti suspiramos, gimiendo y llorando en este valle de lágrimas. Ea, pues, Señora, abogada nuestra, vuelve a nosotros esos tus ojos misericordiosos; y después de este destierro muéstranos a Jesús, fruto bendito de tu vientre. ¡Oh clementísima, oh piadosa, oh dulce Virgen María! Ora por nosotros, oh santa Madre de Dios para que seamos dignos de las promesas de Cristo.

No obstante, el Señor prohíbe a Sus seguidores que recen a los muertos. En Deuteronomio 18, Dios condena la práctica pagana de tratar de comunicarse con un espíritu o persona fallecida. Lamentablemente, lo que los seguidores marianos practican es necromancia. Invocan a María aunque ella falleció hace mucho tiempo y está con Jesús en el cielo.

> No sea hallado en ti... adivino, ni mago, ni quien consulte a los muertos. Porque es abominación para con Jehová cualquiera que hace estas cosas (Deuteronomio 18:10-12).

Dios prohíbe tal práctica para proteger a Sus seguidores de ser seducidos por espíritus malignos que se hacen pasar por seres amados fallecidos. Orar a santos u otra persona fallecida nos expone a espíritus mentirosos (Isaías 8:19-20). Jesús ordenó que oremos en Su nombre al Padre. "Y todo lo que pidiereis al Padre en mi nombre, lo haré, para que el Padre sea glorificado en el Hijo" (Juan 14:13). "Para que todo lo que pidiereis al Padre en mi nombre, él os lo dé" (Juan 15:16). Hay un solo mediador entre Dios y el ser humano:

> Porque hay un solo Dios, y un solo mediador entre Dios y los hombres, Jesucristo hombre (1 Timoteo 2:5).

Desde Génesis hasta Apocalipsis vemos que los verdaderos seguidores de Dios siempre oraban directamente a Dios. En la Biblia jamás leemos que un creyente orara a Abraham, Moisés, David, María o algún santo. Ni una sola vez. Sin embargo, hay ejemplos del pueblo de Dios cuando "fornicó" e invocó a alguien ajeno a Dios. Un ejemplo triste es el rey Saúl, el primer rey de

Israel, que desobedeció a Dios repetidamente. En 1 Crónicas se nos relata su triste fin:

> Así murió Saúl por su rebelión con que prevaricó contra Jehová, contra la palabra de Jehová, la cual no guardó, y porque consultó a una adivina, y no consultó a Jehová; por esta causa [Dios] lo mató, y traspasó el reino a David hijo de Isaí (1 Crónicas 10:13-14).

¿Nuestra Madre llena de gracia?

La aparición de María proclama universalmente que ella es nuestra Madre compasiva, gentil y misericordiosa, mientras que a menudo se presenta a Jesús como un juez distante y cruel. La popular obra, *Devociones en Honor de Nuestra Madre del Perpetuo Socorro*, recalca esto:

> Ven, pues, en mi auxilio, amadísima Madre, porque me encomiendo a ti. En tus manos pongo mi salvación eterna y a ti te encomiendo mi alma. Cuéntame entre tus más devotos siervos; tómame bajo tu protección y eso me basta. Porque si tú me proteges, querida Madre, no temo a nada; ni a mis pecados porque tú obtendrás para mí el perdón por ellos; ni a los demonios porque tú eres más poderosa que todo el infierno junto; ni siquiera a Jesús, mi juez, porque por una oración tuya él será aplacado.[166]

Sin embargo, la Biblia acredita esos atributos sólo a Dios (ni una sola vez a María). Hay cientos de pasajes bíblicos que describen la enorme gracia, misericordia y amor del Señor hacia los que le temen:

> ¡Jehová! ¡Jehová! fuerte, misericordioso y piadoso; tardo para la ira, y grande en misericordia y verdad; que guarda misericordia a millares, que perdona la iniquidad, la rebelión y el pecado (Éxodo 34:6-7).

> Jehová se manifestó a mí hace ya mucho tiempo, diciendo: Con amor eterno te he amado; por tanto, te prolongué mi misericordia (Jeremías 31:3).

> Mas tú, Señor, Dios misericordioso y clemente, lento para la ira, y grande en misericordia y verdad (Salmos 86:15).
>
> Bendito sea el Dios y Padre de nuestro Señor Jesucristo, Padre de misericordias y Dios de toda consolación (2 Corintios 1:3).
>
> Venid a mí [Jesús] todos los que estáis trabajados y cargados, y yo os haré descansar. Llevad mi yugo sobre vosotros, y aprended de mí, que soy manso y humilde de corazón; y hallaréis descanso para vuestras almas; porque mi yugo es fácil, y ligera mi carga (Mateo 11:28-30).

La Biblia en NINGÚN lugar dice que María nos ayudará. Fue Jesús quien, sintiendo compasión, tocó a los leprosos, sanó a los enfermos, alimentó a los hambrientos, predicó las buenas nuevas a los pobres, lloró por el pecado de la gente, ¡y murió en nuestro lugar! Jesús recibió a los niños, perdonó a los que se arrepentían, liberó a los poseídos, oró por Sus acusadores, buscó a la oveja perdida, dio vista a los ciegos y resucitó a los muertos.

Sólo Jesús llevó "nuestras enfermedades, y sufrió nuestros dolores... herido fue por nuestras rebeliones, molido por nuestros pecados; el castigo de nuestra paz fue sobre él, y por su llaga fuimos nosotros curados. Todos nosotros nos descarriamos como ovejas, cada cual se apartó por su camino; mas Jehová cargó en él el pecado de todos nosotros" (Isaías 53:4-6).

Aunque la Reina del Cielo se atribuye muchos títulos grandiosos, la Biblia asigna esos nombres gloriosos exclusivamente a Jesús: "Admirable, Consejero, Dios Fuerte, Padre Eterno, Príncipe de Paz" (Isaías 9:6). La Escritura nos dice que Jesús es: Salvador, Redentor, Aurora, Rey de Reyes y Señor de Señores, Luz del Mundo, Agua Viva, Pan de Vida, Rosa de Sarón, Santo, Amado, el Buen Pastor, Autor y Consumador de la Fe, Ancla, Verbo de Dios, la Puerta, el Camino, la Verdad y la Vida, la Vid Verdadera, el Testigo Fiel y Verdadero, el Alfa y la Omega, el Yo Soy, el Amén, Emanuel, la Resurrección y la

Vida, y muchos otros nombres maravillosos.

Es Dios, no otra persona, quien está cerca del quebrantado de corazón (Salmos 34:18), quien sostiene a los que caen (Salmos 145:14), y en Su mano está el alma de todo ser viviente y el hálito de toda la humanidad (Job 12:10).

El Señor cuenta nuestros cabellos (Lucas 12:7) y pone todas nuestras lágrimas en un frasco (Salmos 56:8). Él no está lejos de cada uno de nosotros, porque en Él vivimos, nos movemos y somos (Hechos 17:27-28). Dios a todos da vida, aliento y todas las cosas (Hechos 17:25). De Él son todos nuestros caminos (Daniel 5:23). Dios nos forma en el vientre de nuestra madre (Jeremías 1:5). Sólo en Jesús estamos completos (Colosenses 2:10).

Dios es nuestro Padre tierno y amoroso. También es un Padre celoso que protege a Sus hijos. Y Él no compartirá Su gloria con nadie. Por eso podemos estar seguros de que está airado por las apariciones engañosas.

En dos ocasiones Jesús tuvo oportunidad de exaltar el papel de María ante Sus seguidores. Pero, en ambas Sus palabras indicaron claramente el lugar del rol maternal de María:

> Mientras él [Jesús] aún hablaba a la gente, he aquí su madre y sus hermanos estaban afuera, y le querían hablar. Y le dijo uno: He aquí tu madre y tus hermanos están afuera, y te quieren hablar. Respondiendo él al que le decía esto, dijo: ¿Quién es mi madre, y quiénes son mis hermanos? Y extendiendo su mano hacia sus discípulos, dijo: He aquí mi madre y mis hermanos. Porque todo aquel que hace la voluntad de mi Padre que está en los cielos, ése es mi hermano, y hermana, y madre (Mateo 12:46-50).

> Mientras él [Jesús] decía estas cosas, una mujer de entre la multitud levantó la voz y le dijo: Bienaventurado el vientre que te trajo, y los senos que mamaste. Y él dijo: Antes bienaventurados los que oyen la palabra de Dios, y la guardan (Lucas 11:27-28).

¿Retornó el niño Jesús?

Los que siguen las noticias sobre las apariciones saben que la Reina del Cielo a veces lleva a un bebé con vida en sus brazos. En algunas ocasiones ese niño ha dado mensajes. Tenemos que preguntarnos: ¿quién es ese bebé indefenso? La Biblia dice que el verdadero Jesús está reinando en el cielo como un hombre glorificado:

> [Jesús] habiendo subido al cielo está a la diestra de Dios; y a él están sujetos ángeles, autoridades y potestades (1 Pedro 3:22).
>
> Mas nuestra ciudadanía está en los cielos, de donde también esperamos al Salvador, al Señor Jesucristo; el cual transformará el cuerpo de la humillación nuestra, para que sea semejante al cuerpo de la gloria suya (Filipenses 3:20-21).

La Biblia declara que Jesús tiene sólo un cuerpo (Efesios 2:16; Hebreos 10:5). Él ascendió al cielo como un hombre adulto (Lucas 24:51; Hechos 1:9-11). Una y otra vez leemos que Jesús está ahora en el cielo (Mateo 26:64; Romanos 8:34; Efesios 1:20; Colosenses 3:1; Hebreos 1:3; 9:24-25; 12:2). Él no volverá como niño. De hecho, se nos dice específicamente que cuando Jesús retorne, vendrá en las nubes con Su cuerpo glorificado, y todo ojo lo verá:

> Entonces verán al Hijo del Hombre, que vendrá en las nubes con gran poder y gloria (Marcos 13:26).
>
> Y habiendo dicho estas cosas, viéndolo ellos, fue alzado, y le recibió una nube que le ocultó de sus ojos. Y estando ellos con los ojos puestos en el cielo, entre tanto que él se iba, he aquí se pusieron junto a ellos dos varones con vestiduras blancas, los cuales también les dijeron: Varones galileos, ¿por qué estáis mirando al cielo? **Este mismo Jesús, que ha sido tomado de vosotros al cielo, así vendrá como le habéis visto ir al cielo** (Hechos 1:9-11).
>
> He aquí que viene con las nubes, y todo ojo le verá

(Apocalipsis 1:7).

El engaño define los últimos tiempos

Es un hecho que las apariciones se presentan a los videntes como algo radiante, hermoso y resplandeciente en una luz brillante. Por ejemplo, la aparición en Zeitún, Egipto, aprobada por la Iglesia —y vista por millones de personas—, fue descrita como una mujer radiante formada de luz.

Si estas manifestaciones son demoníacas, ¿acaso Satanás revelaría su naturaleza malvada? ¿No tiene más sentido que el diablo y sus demonios se materialicen como algo hermoso y benigno, con mensajes que suenan justos? La Biblia declara que Satanás engaña a todo el mundo.[167] Asimismo, Dios advierte que el diablo es la criatura más astuta,[168] y que:

> El mismo Satanás se disfraza como ángel de luz. Así que, no es extraño si también sus ministros se disfrazan como ministros de justicia (2 Corintios 11:14-15).

La palabra *ángel* (griego: *aggelos*) simplemente significa *mensajero*. Como hemos documentado, las apariciones marianas afirman ser mensajeras enviadas del cielo que se ven hermosas y bondadosas. También enseñan sobre justicia, oración y un estilo de vida piadoso. Sin embargo, insertan suficientes mentiras como para desviar a los escogidos.

¿Pueden los ángeles de luz comunicar mensajes que contienen verdades bíblicas y doctrinas de demonios? Sí, según el apóstol Pablo, quien advierte precisamente que este engaño ocurrirá en los últimos tiempos:

> Pero el Espíritu dice claramente que en los postreros tiempos algunos apostatarán de la fe, escuchando a espíritus engañadores y a doctrinas de demonios (1 Timoteo 4:1).

Note que, los que escuchan a espíritus engañadores, antes estaban en la fe. Profesaban creer en la verdad bíblica hasta que se apartaron para seguir doctrinas de demonios. Jesús también advirtió muchas veces sobre un tremendo engaño en los últimos días:

> Mirad que nadie os engañe. Porque vendrán muchos en mi nombre, diciendo: Yo soy el Cristo; y a muchos engañarán... Y muchos falsos profetas se levantarán, y engañarán a muchos... Entonces, si alguno os dijere: Mirad, aquí está el Cristo, o mirad, allí está, no lo creáis. Porque se levantarán falsos Cristos, y falsos profetas, y harán grandes señales y prodigios, de tal manera que engañarán, si fuere posible, aun a los escogidos. Ya os lo he dicho antes (Mateo 24:4-5, 11, 23-25).

El engaño es lo que define los últimos tiempos. Es interesante que la palabra *Cristo* significa el *ungido de Dios*. Pero, eso no quiere decir que el engañador siempre dirá que él es Jesús; más bien, afirmará que viene con la autoridad de Jesús, declarando que Dios lo ungió para un ministerio particular. ¿Dice la aparición de María que viene en nombre de Jesús? ¿Asegura la Reina del Cielo que está ungida para proclamar mensajes de Dios en los últimos días?

Engaño eficaz

Los miles de mensajes de las apariciones presentan a una reina que posee todas las características distintivas de Cristo. Afirma ser nuestra Mediadora, Intercesora, Abogada, Corredentora, Sierva Sufriente y muchos otros títulos que revelan su agenda engañosa. Incluso declara que es sin pecado, omnipresente y digna de adoración, contradiciendo directamente a la Palabra de Dios.

Es cierto que muchos de los mensajes de las apariciones son bíblicos, pero eso sólo hace más atractiva la mentira. Recuerde que cuando Satanás tentó a Jesús, citó la Escritura con precisión.[169] El diablo sabía que no podría engañar a Jesús con una mentira obvia, sino que debía emplear un engaño sutil. Asimismo, Satanás a menudo combina una mentira sutil con una verdad. Es el maestro de la mentira. Y los más grandes engaños son los que mayormente son verdad.

Aunque gran parte de los mensajes de las apariciones parece inofensiva, incluso bíblica, ¿es posible que la mentira mezclada con verdad desvíe a muchos hacia la destrucción eterna? Satanás anima a que hagamos obras buenas y nobles, siempre y cuando al final comprometan nuestra relación exclusiva con Jesús y Su Palabra. Dios declara enfáticamente que no compartirá Su gloria con otros:

> **Yo Jehová; este es mi nombre; y a otro no daré mi gloria, ni mi alabanza a esculturas** (Isaías 42:8).

Descubramos a la Reina del Cielo

¿Quién es entonces esta impostora?[170] Por cierto, no es la María humilde y bendita de la Biblia. Irónicamente, la aparición misma revela su origen: "Soy María, la Reina del Cielo y Reina de los Ángeles".[171] Hoy, entre sus seguidores, el nombre más popular de la aparición es Reina del Cielo.

Muchos se sorprenden al saber que el nombre "Reina del Cielo" se encuentra en la Biblia, no una, sino varias veces. Las Escrituras identifican a esta reina con una diosa falsa. En los capítulos 7 y 44 de Jeremías, Dios pronuncia juicio sobre los hijos de Judá por su adoración idólatra a la Reina del Cielo:

> Los hijos recogen la leña, los padres encienden el fuego, y las mujeres amasan la masa, para hacer tortas a la reina del cielo y para hacer ofrendas a dioses ajenos, para provocarme a ira. ¿Me provocarán ellos a ira? dice Jehová. ¿No obran más bien ellos mismos su propia confusión? Por tanto, así ha dicho Jehová el Señor: He aquí que mi furor y mi ira se derramarán sobre este lugar (Jeremías 7:18-20).

El pueblo de Dios repetidamente incorporaba la adoración a la Reina del Cielo con la adoración al Dios verdadero. Esta idolatría provocó el juicio de Dios. Ciertamente, la María de Nazaret no adoptaría el nombre de una diosa pagana, ni incitaría a la idolatría. Esta entidad, por tanto, tiene que ser una impostora demoníaca. De hecho, al estudiar la Biblia, vemos que esta entidad diabólica ha procurado engañar al pueblo de Dios durante miles de años. Ha usado muchos títulos, pero su deseo ha sido siempre el mismo: recibir la adoración que sólo Dios

Capítulo 7

LA REINA EN APOCALIPSIS

¿Se está repitiendo ahora lo que ocurrió en el tiempo de Jeremías? Si en el pasado las mentiras de Satanás lograron que el pueblo de Dios practicara la idolatría en el nombre de Jehová, ¿no intentaría él perpetrar el mismo engaño ahora?

En el pasado, Dios muchas veces advirtió a Su pueblo sobre prácticas paganas, religiones falsas y falsos dioses y diosas que tratarían de atraerlos.[173] ¿Es razonable, entonces, suponer que si este engaño está sucediendo en estos últimos tiempos, Dios nos advertiría? La Biblia asegura que Dios es fiel en advertirnos anticipadamente (Amós 3:7; 1 Corintios 10:13; Apocalipsis 1:1). Además, afirma que Él no cambia (Malaquías 3:6; Hebreos 13:8).

En los próximos tres capítulos estudiaremos varias profecías bíblicas para comprobar si Dios nos advirtió anticipadamente.

La madre de las rameras

El último libro de la Biblia, Apocalipsis, relata los principales eventos que acontecerán en los últimos días. Los capítulos 17 y 18 dan detalles específicos sobre una reina poderosa que gobernará sobre los pueblos y naciones del mundo en este tiempo.[174]

Ella es una ramera que fornica con los reyes de la tierra.[175] Su fornicación incluso embriaga a los habitantes de la tierra.[176]

La ramera se sienta sobre pueblos, muchedumbres, naciones y lenguas.[177] A esta mujer malvada también se le identifica como una gran ciudad que reina sobre los reyes de la tierra en los últimos días.[178] Como veremos, el nombre escrito en su frente es muy apropiado:

> Un misterio: BABILONIA LA GRANDE, LA MADRE DE LAS RAMERAS Y DE LAS ABOMINACIONES DE LA TIERRA (Apocalipsis 17:5).

Muchos comentaristas bíblicos creen que esta mujer perversa representa a la iglesia apóstata de los últimos días. Ya que la verdadera iglesia es llamada esposa de Cristo, hay razón para llamar ramera a la iglesia falsa. El apóstol Pablo les recuerda a los verdaderos seguidores de Cristo que fueron desposados con Cristo como "una virgen pura".[179] Y, en Apocalipsis 21:9-10, la iglesia es llamada "la esposa del Cordero" (es decir, esposa de Cristo), en contraste con la ramera rebelde descrita en Apocalipsis 17. En el Antiguo Testamento, el pueblo de Jehová estaba también desposado con Él.[180]

Puesto que los creyentes son la esposa de Cristo, cada vez que Su pueblo sigue a otros dioses, Él llama fornicación ese pecado y se refiere a ellos como rameras. En la Biblia, varias veces Dios reprende a Su pueblo por "fornicar" con dioses falsos.[181] Por tanto, llamar "madre de las rameras" a la iglesia falsa de los últimos tiempos concuerda con toda la Escritura.

Huestes espirituales de maldad

¿Por qué Dios personificó a la iglesia apóstata como mujer y reina? La Biblia declara que nuestros verdaderos enemigos son los gobernadores de las tinieblas de este siglo y las huestes espirituales de maldad.[182] Hay fuerzas espirituales de tinieblas tras cada reino malvado, fortaleciendo a las religiones falsas y dirigiendo a todo gobernante perverso. Esos poderes demoníacos representan la verdadera autoridad que impulsa a cada religión falsa.

Daniel 10 nos provee información alarmante sobre la batalla espiritual que se libra en el mundo invisible. Mientras Daniel oraba, un ángel se le apareció en una visión y dijo:

> Daniel, no temas; porque desde el primer día que dispusiste tu corazón a entender y a humillarte en la presencia de tu Dios, fueron oídas tus palabras; y a causa de tus palabras yo he venido. Mas el príncipe del reino de Persia se me opuso durante veintiún días; pero he aquí Miguel, uno de los principales príncipes, vino para ayudarme, y quedé allí con los reyes de Persia... ahora tengo que volver para pelear contra el príncipe de Persia; y al terminar con él, el príncipe de Grecia vendrá (Daniel 10:12-13, 20).

Las oraciones de Daniel llegaron a las huestes celestiales Dios le envió un ángel. El príncipe de Persia se le opuso hasta que Miguel, uno de los principales príncipes, lo ayudó. Estos datos sobre el ámbito espiritual revelan que el verdadero poder tras los reinos de Persia y Grecia eran espíritus malignos. Evidentemente, el falso sistema religioso final en el mundo también será potenciado por poderes demoníacos. Es interesante que Dios describa a ese sistema religioso como mujer.

¿Se manifestarán como una mujer las fuerzas de las tinieblas que potenciarán a la falsa religión final? ¿Acaso la aparición de María, que anuncia que traerá paz mundial y una religión unificada, se asemeja a la mujer descrita en Apocalipsis 17 y 18?

¿Quién es la mujer?

Si la Reina del Cielo es el espíritu que potencia al sistema religioso final en la tierra, entonces las profecías que hallamos en Apocalipsis deben revelar este hecho. Empecemos estudiando Apocalipsis 17:

> Te mostraré la sentencia contra la gran ramera, la que está sentada sobre muchas aguas; con la cual han fornicado los reyes de la tierra, y los moradores de la tierra se han embriagado con el vino de su fornicación. Y me llevó en el Espíritu al desierto; y vi a una mujer sentada sobre una bestia escarlata (Apocalipsis 17:1-3).

Esta mujer, llamada ramera, ha embriagado a los habitantes de la tierra con el vino de su fornicación. ¿Cuál mujer en los últimos tiempos seduce y atrae a sus seguidores a cometer fornicación espiritual? La palabra griega para *fornicación* (griego: *porneuo*) usada aquí también puede traducirse *idolatría*. Por tanto, ¿cuál mujer (y la iglesia que ella dirige) anima a sus seguidores a practicar idolatría?

Esta mujer también fornica con los reyes de la tierra. Como vimos en Daniel 10:13, los reyes de la tierra pueden representar a los espíritus malignos que potencian a naciones y reinos. La palabra griega para *rey* usada en Apocalipsis 17 es *basileus*, y, según el contexto, se traduce como espíritu maligno, poder soberano o autoridad. En Apocalipsis 9:11 se usa la misma palabra griega para describir a Satanás: "Y tienen por rey [griego: *basileus*] sobre ellos al ángel del abismo, cuyo nombre en hebreo es Abadón, y en griego, Apolión".

¿Existe ahora un espíritu maligno que se aparece como mujer y tiene huestes de poderosos espíritus malignos que cumplen sus órdenes? ¿Hay una mujer que se aparece en muchas naciones y anima a sus seguidores a practicar idolatría? ¿Podría la mujer de Apocalipsis 17, que representa a la iglesia falsa y la ciudad que reina sobre la tierra, ser un principado perverso que controla y dirige a los espíritus malignos en la tierra en los últimos días?

Si la aparición de María es el poder espiritual que impulsa a la iglesia falsa, entonces debe tener una relación muy estrecha con dicha iglesia. Debe ser la figura que representa a esa iglesia falsa; el modelo espiritual de la falsa iglesia; la "madre" de esta iglesia apóstata.

¿Una mujer representa a Roma?

¿Representa una mujer a la Iglesia de Roma? ¿Es la María de las apariciones un modelo de la Iglesia Católica? ¿Es ella la "figura" y el "cumplimiento escatológico" de la Iglesia Católica Romana? Para responder estas preguntas, nos referiremos a *John Paul II's Book of Mary* (El libro de María de Juan Pablo II):

> [María] es un modelo de la Iglesia... La misma

> analogía —y la misma verdad— están presentes en la Constitución Dogmática de la Iglesia. María es la "figura" de la Iglesia. Porque en el misterio de la Iglesia, siendo ella misma llamada correctamente madre y virgen, la Bendita Virgen vino primero como un ejemplo eminente y único de virginidad y maternidad... El Concilio enfatiza que la Madre de Dios es ya el cumplimiento escatológico [de los últimos tiempos] de la Iglesia: "En la santísima Virgen, la Iglesia ya ha alcanzado esa perfección por la que existe sin mancha ni arruga (*cf.* Efesios 5:27)"; y al mismo tiempo el Concilio dice que "los seguidores de Cristo aún procuran crecer en santidad venciendo al pecado y, por tanto, elevan sus ojos a María, quien brilla ante toda la comunidad de los escogidos como modelo de las virtudes".[183]

Es interesante que el Papa considere a María, a quien se refiere como Virgen y Madre, como un "modelo" para la Iglesia; una "figura" de la Iglesia; y el "cumplimiento escatológico" [de los últimos tiempos] de la Iglesia. ¿Es por esto que la Biblia describe a la falsa iglesia mundial como mujer? Dave Hunt, en su libro totalmente documentado *Una Mujer Cabalga la Bestia*, da la siguiente explicación:

¿Por qué a esta falsa Iglesia Mundial se le ve como *mujer*? Este criterio, como los demás en Apocalipsis 17, se ajusta perfectamente al Vaticano. **La figura más prominente en el catolicismo romano es una *mujer*.** Ella eclipsa lo demás, incluyendo a Dios mismo. Se ofrecen más oraciones a la María católica, y más atención y honor se le dan a ella, que a Cristo y a Dios juntos. En el mundo hay miles de santuarios a María (y cientos de altares a otros "santos"), pero sólo hay algunos santuarios menores para Cristo mismo.[184]

Si esta es la explicación correcta, hallaremos muchas otras claves reveladoras de que la Reina del Cielo es la fuerza que potencia a la iglesia falsa.

La gran ramera fornica

Si la aparición de María que se manifiesta en este tiempo es demoníaca, entonces la Biblia con razón la llamaría ramera. Ha venido en nombre de Cristo, pero atrae seguidores para su falso evangelio y sus mensajes engañosos.[185] Ella ha fornicado contra el Señor; por tanto, es la peor ramera. En los primeros dos versículos de Apocalipsis 17 leemos:

> Ven acá, y te mostraré la sentencia contra la gran ramera, la que está sentada sobre muchas aguas; con la cual han fornicado los reyes de la tierra (Apocalipsis 17:1-2).

Quien ha hablado con seguidores de María sabe que, los verdaderos devotos, ni siquiera discuten la posibilidad de que las apariciones no provengan de Dios. Estos fieles seguidores marianos están literalmente seducidos por las mentiras de ella. Llegan de todas partes —literalmente, de muchas aguas— y, sin saberlo, están fornicando espiritualmente. La fornicación espiritual describe el comportamiento de una persona que, profesando seguir al Jesús de la Biblia, sigue más bien a la Reina del Cielo. La buena noticia es que, desde el primer versículo, se nos asegura que ella será juzgada.

El cáliz de oro lleno de abominaciones

La Biblia continúa describiendo a esta mujer: "Y la mujer estaba vestida de púrpura y escarlata, y adornada de oro, de piedras preciosas y de perlas, y tenía en la mano un cáliz de oro lleno de abominaciones y de la inmundicia de su fornicación" (Apocalipsis 17:4). La descripción aquí tiene que ver con realeza. La mujer es una reina de gran gloria y esplendor. La aparición afirma que es reina y, según relatan los visionarios, aparece adornada con radiante esplendor. La descripción corresponde perfectamente. Asimismo, el cáliz de oro lleno de abominaciones corresponde a la perfección.

El cáliz de oro puede referirse a la vasija de la eucaristía. Está lleno de abominaciones porque la eucaristía niega la obra consumada de Cristo en la cruz, perpetuando la expiación al volver a sacrificar a Cristo una y otra vez durante cada misa.[186]

Este evangelio falso es abominación a Dios porque niega que la obra expiatoria de Cristo en la cruz fue final, una vez para siempre. El cáliz de oro lleno de abominaciones también indica idolatría, la misma que la aparición de María promueve a menudo. Ella no sólo anima a sus seguidores a inclinarse ante sus estatuas, sino que pide que se inclinen ante la eucaristía y la adoren.

Además, la Reina dice que traerá al Jesús eucarístico.[187] De hecho, una aparición continua en Roma, conocida como "La Madre de la Eucaristía", aparece con un cáliz de oro en su mano real, proclamando que ella y el Jesús eucarístico pondrán fin a la historia. La siguiente cita de la Madre de la Eucaristía que aparece en Roma resume el propósito de sus manifestaciones:

> Todos los mensajes provienen de Dios y, dondequiera que aparezco, hablo de las mismas cosas porque, mediante el triunfo de la Eucaristía, la Madre quiere que todas las iglesias se vuelvan a unir, de modo que habrá sólo una iglesia para toda la gente.[188]

La aparición de María se presenta como una reina rodeada de esplendor, ordenando a los creyentes que participen en el sacrificio de la misa, realizado con el cáliz de oro que sostiene la eucaristía. Esta es la interpretación que hace el *Expositor's Bible Commentary* (Comentario bíblico del expositor) acerca de Apocalipsis 17:4:

> Vestida con ropaje real (Ezequiel 16:13; *cf.* Apocalipsis 18:7), la mujer cabalga la bestia, meciendo en su mano un cáliz de oro lleno de sus abominaciones idolátricas y su maldad. Nótese el contraste: belleza y extrema maldad... El cáliz de oro lleno de vino alude a la descripción de Jeremías sobre la influencia mundial de Babilonia respecto a la idolatría (Jeremías 51:7)... "inmundicia" (*akatharta*, "impureza") es un término que frecuentemente se asocia en el NT con espíritus malignos (inmundos — Mateo 10:1; 12:43) y también con la idolatría (2 Corintios 6:17)...[189]

Asimismo, la explicación del *New International Greek Testament Commentary* (Nuevo comentario internacional del testamento griego) sobre estos versículos es informativo: "También vimos que la influencia embriagante ha incluido engañar a la gente para que adoren a ídolos... Esta idea es confirmada por la frase final de 17:4, que describe el cáliz 'lleno de abominaciones y [o 'incluso'] de la inmundicia de su fornicación'. Debemos recordar que tanto en el AT como en el NT, incluyendo a Juan, se piensa que hay demonios tras los ídolos".[190]

Un misterio: Babilonia

"Y en su frente un nombre escrito, un misterio: BABILONIA LA GRANDE, LA MADRE DE LAS RAMERAS Y DE LAS ABOMINACIONES DE LA TIERRA" (Apocalipsis 17:5). Evidentemente, el sistema religioso final de la tierra será como Babilonia. A través de la Biblia se describe a Babilonia como una cultura muy religiosa que veneraba a muchos dioses y diosas falsos. La idolatría era común para los babilonios y los israelitas siguieron esa práctica abominable, lo que resultó en su cautividad en Babilonia por 70 años.

Obviamente, las abominaciones de esta mujer se equiparan con la conducta idólatra de la antigua Babilonia. Pero, ¿por qué Apocalipsis 17:5 se refiere a Babilonia como "un misterio"? ¿Podría el Espíritu Santo estar describiendo un sistema que adoptará características similares a las de esa ciudad, pero que no es literalmente Babilonia? Charles Caldwell Ryrie explica sucintamente por qué "un misterio: Babilonia" tiene que referirse a la iglesia apóstata y falsa de los últimos días:

> Se le da el nombre de misterio. (Nótese que "misterio" no es adjetivo —Babilonia misteriosa— sino un sustantivo en aposición con Babilonia —"un misterio: Babilonia"). El cristiano comprenderá, por el uso de la palabra "misterio", que esta Babilonia no es la ciudad a orillas del Eúfrates sino un uso secreto del término (explicado en 17:9, 18). Puesto que la verdadera iglesia

> también es llamada misterio (Efesios 5:32), esta iglesia apóstata es una falsificación.[191]

El hecho de que la Babilonia de Apocalipsis 17 sea un misterio anticipa también las características misteriosas de este sistema religioso. El Papa Juan Pablo II dio esa información sin darse cuenta:

> La iglesia persevera en oración con María. Esta unión de la Iglesia orante con la Madre de Cristo ha sido parte del misterio de la Iglesia desde el principio: la vemos a ella presente en este misterio, así como está presente en el misterio de su Hijo...
>
> El Concilio Vaticano II nos prepara para esto, al presentar en su enseñanza a la Madre de Dios en el misterio de Cristo y la Iglesia. Si es cierto, como el Concilio proclama, que "sólo en el misterio del Verbo Encarnado recibe luz el misterio del hombre", entonces este principio debe aplicarse en forma muy particular a esa excepcional "hija de la raza humana", la "mujer" extraordinaria que llegó a ser la Madre de Cristo. Sólo en el misterio de Cristo se comprende totalmente el misterio de ella. Así procuró interpretarlo la Iglesia desde el principio: el misterio de la Encarnación ha permitido que ella penetre y haga más claro que nunca el misterio de la Madre del Verbo Encarnado.[192]

Hay otro gran "misterio" asociado con esta religión de misterio de los últimos días: el misterio de la Eucaristía. Muchos libros se han escrito sobre el "misterio" de la misa, que está centrada en el sacrificio eucarístico. El Catecismo de la Iglesia Católica declara: "... [en la Eucaristía] Cristo llega a estar real y misteriosamente presente... Cada vez que se celebra este misterio, continúa 'la obra de nuestra redención...'"[193] No nos sorprende que, según afirma la Reina, es al "Cristo eucarístico" a quien ella traerá.[194]

¿Es Roma la Babilonia del misterio?

Es fascinante ver que el apóstol Pedro evidentemente usó el nombre Babilonia como clave para referirse a Roma.

> La iglesia que está en Babilonia, elegida juntamente con vosotros... os saludan (1 Pedro 5:13).

Karl Keating, conocido apologista católico, admite que por mucho tiempo se ha conocido a Roma como Babilonia. Él escribió: "Babilonia es una clave que se refiere a Roma. Se usa así seis veces en el último libro de la Biblia... Alrededor del año 303 Eusebio Panfilio escribió: 'Se dice que la primera epístola de Pedro... fue compuesta en Roma; y qué él mismo lo indica, refiriéndose figuradamente a la ciudad como Babilonia'".[195]

La *New American Bible: The Catholic Bible Personal Study Edition* (Nueva Biblia Americana: edición para estudio personal de la Biblia católica) lo confirma: "Desde Ireneo, a fines del segundo siglo, hasta los tiempos modernos, la tradición cristiana consideró a Pedro el apóstol como autor de este documento. Puesto que este fue martirizado en Roma durante la persecución ordenada por Nerón, entre 64 y 67 d.C., se supuso que escribió la carta desde Roma poco antes de su muerte. Esto es apoyado porque menciona a 'Babilonia' (1 Pedro 5:13), una clave en la iglesia primitiva para referirse a Roma".[196]

Y, en la versión *New American Standard* de la *Ryrie Study Bible* leemos lo siguiente: "El lugar donde se escribió fue 'Babilonia' (5:13), nombre simbólico para Roma muy usado por escritores que deseaban evitar problemas con las autoridades romanas. Pedro estuvo en Roma durante la última década de su vida y escribió esta epístola alrededor del año 63 d.C., justo antes de iniciarse la persecución ordenada por Nerón en el 64. Pedro fue martirizado alrededor del año 67".[197]

Si la evidencia indica que Pedro usó Babilonia como clave para referirse a Roma, ¿es lógico creer que, en Apocalipsis, Juan usó la misma clave? De seguro Juan conocía las epístolas de Pedro, y, ambos fueron inspirados por el Espíritu Santo. ¿Es razonable deducir entonces que, durante la tribulación, la sede de poder de esta mujer maligna estará en Roma?

¿Por qué se asombró Juan?

"Vi a la mujer ebria de la sangre de los santos, y de la sangre de los mártires de Jesús; y cuando la vi, quedé asombrado con gran asombro" (Apocalipsis 17:6).

¿Por qué se perturbó Juan al verla? ¿Quién es esa mujer tan aterradora y sorprendente que causó el asombro de Juan? Hasta este punto en Apocalipsis, Juan ha visto muchos eventos terribles en la tierra. ¿Por qué sólo aquí experimenta gran asombro? Dave Hunt, en su libro *Una Mujer Cabalga la Bestia*, da una explicación interesante sobre este versículo:

> Ver a una *mujer* magníficamente ataviada, sosteniendo las riendas mientras cabalga una bestia aterradora que devora el mundo, era motivo justificado de asombro. Sin embargo, Juan parece haber quedado estupefacto por algo más: en realidad, por la mujer misma ("y cuando *la* vi, quedé asombrado con gran asombro"). ¿Por qué? ¿Sería porque era una figura *religiosa*? Es difícil creer eso.
>
> En los días de Juan era un hecho generalizado que la *religión* ejerciera gran autoridad. La iglesia y el estado estaban unidos, pero la religión jugaba el papel dominante. Si la mujer sólo representaba la religión del mundo pagano, Juan no se habría sorprendido. ¿Qué había respecto a esta mujer que lo asombró tanto? ¿La habría conocido antes y quedó pasmado por la increíble transformación?... ¿Cómo pudo la casta esposa de Cristo convertirse en esta ramera descarada?[198]

Irónicamente, el sistema religioso final en la tierra parecerá cristiano. La mujer vendrá en el nombre de Cristo, luciendo piadosa y bella. Sus palabras y apariencia parecerán cristianas externamente, pero su corazón en verdad es diabólico.

La mujer se sienta sobre siete montes

En Apocalipsis 17:9 se nos dice: "Las siete cabezas son siete montes, sobre los cuales se sienta la mujer". Y el versículo 18 revela que "la mujer que has visto es la gran ciudad que reina sobre los reyes de la tierra".

La *New American Bible* (Biblia católica oficial publicada por Catholic World Press) presenta así Apocalipsis 17:9: "Las siete cabezas representan siete colinas sobre las cuales se sienta la mujer". Por supuesto, una mujer no puede ser una ciudad, así que debe representar la ciudad asentada sobre siete colinas que gobierna la tierra durante la tribulación.

Sólo existe una ciudad que es un centro espiritual importante, y que está situada sobre siete colinas. Esa ciudad es Roma y, específicamente, la ciudad del Vaticano. A Roma siempre se le ha conocido como la "ciudad de siete colinas" y es el centro espiritual de la Iglesia Católica Romana. Como dice la *Catholic Encyclopedia* (Enciclopedia católica):

> Es en la ciudad de Roma, llamada la ciudad de siete colinas, donde toda el área del Estado del Vaticano está confinada ahora.[199]

Muchos comentaristas concuerdan en que Roma es la ciudad sobre siete colinas sobre las cuales se sienta la mujer. John Phillips explica que, desde la antigüedad, se ha conocido a Roma como la ciudad sobre siete colinas:

> Las siete cabezas son siete montes sobre los cuales se sienta la mujer. Esto indica la sede del poder imperial. Roma es la ciudad de siete colinas y desde el principio se le ha conocido como tal. Como centro de poder político, Roma no tiene gran importancia hoy, pero lo tendrá.[200]

Warren Wiersbe, autor y erudito bíblico, concuerda: "El versículo 18 muestra claramente que ella es una ciudad, y en el tiempo de Juan, reinaba sobre los reyes de la tierra. Las siete cabezas del v. 3 son identificadas como siete montes en el v. 9. No parece haber duda de que la ciudad es Roma. Está situada sobre siete colinas; cuando se escribió Apocalipsis, Roma reinaba sobre los reyes de la tierra".[201]

J. Vernon McGee, conocido maestro de la Biblia, presenta importante evidencia histórica de que Roma es la ciudad sobre siete colinas. Él escribe:

> En el versículo 18 se identifica a la mujer: "Y la mujer que has visto es la gran ciudad que reina sobre los reyes de la tierra". La mujer es una ciudad, y la ciudad es Roma, la capital religiosa del mundo. Es la Roma religiosa que, en aquel tiempo, habrá heredado todas las religiones del mundo.
>
> También se identifica a la ciudad en el versículo 9: "Esto, para la mente que tenga sabiduría: Las siete cabezas son siete montes, sobre los cuales se sienta la mujer". Roma era la ciudad establecida sobre siete colinas y escritores paganos y cristianos la conocían como tal. Horacio escribió: "Los dioses, que miran con favor las siete colinas..." Ovidio añadió: "Pero Roma observa todo el mundo desde sus siete montes, la sede del imperio y morada de los dioses". Agustín escribió: "Babilonia es la ex Roma, y Roma es la ex Babilonia". En estos versículos ciertamente se contempla a la ciudad de Roma.[202]

Charles Caldwell Ryrie y muchos otros comentaristas bíblicos llegan también a la única conclusión razonable: "Finalmente, se identifica con más precisión a la mujer con la ciudad antes mencionada (v. 9), es decir, Roma. Así es imposible separar de Roma al cristianismo apóstata del tiempo de la tribulación. Roma será el centro religioso y político del mundo durante la tribulación".[203]

¿Acaso nos asombra lo que predice la aparición de María: que la mayor parte del mundo estará bajo su manto en su reino venidero? Repetidamente declara que desea "convertir" al mundo. Su definición implica que la conversión es a la Iglesia Católica Romana. Ella es la figura espiritual más poderosa de la

Iglesia de Roma, y, aunque ruega por la unidad mundial, siempre da a entender que esa unidad ocurrirá bajo su iglesia.

La ramera se sienta sobre todas las naciones

La descripción de esta mujer continúa en el versículo 15: "Me dijo también: Las aguas que has visto donde la ramera se sienta, son pueblos, muchedumbres, naciones y lenguas". La referencia a la mujer sentada sobre todas las naciones nos recuerda la famosa predicción de Nuestra Señora de Fátima, cuando prometió: "Al final, mi Inmaculado Corazón triunfará y se dará un período de paz a la humanidad". Asimismo, recuerde que la "Señora de Todas las Naciones" predice que, bajo su guía, todas las naciones del mundo serán una.

En los primeros capítulos de este libro documentamos que la aparición se presenta por doquier con un mensaje de paz y unidad mundiales. Realmente la aparición de María se sienta sobre todos los pueblos. ¿Hay acaso otro fenómeno sobrenatural con tanta influencia mundial, que afecte literalmente a toda nación y multitud?

El siguiente mensaje de "Jesús", dado en 1986 a la visionaria conocida como hermana Natalia, ilustra este punto: "Mi Padre tendrá misericordia del mundo por medio del Inmaculado Corazón de mi Madre. Hijos míos, ustedes también verán la llegada gloriosa de mi Inmaculada Madre".[204] Según la visionaria, la tarea más importante de su vida era:

> Comunicar al mundo el deseo de Jesús de que todo el mundo reconozca a Su Madre como la Reina Victoriosa del Mundo.[205]

De acuerdo al libro *The Victorious Queen of the World* (La reina victoriosa del mundo, 1988), traducido por Stephen A. Foglein, el Papa Pío XII consagró el mundo a María como la Reina Victoriosa del Mundo, debido en parte a un mensaje que la hermana Natalia recibió de "Jesús" durante la Segunda Guerra Mundial.[206] Respecto a María y la era futura, la hermana Natalia explicó:

> Vi que cuando la paz gloriosa llegue y reine el amor, habrá sólo "un redil y una pastora". María, la Madre de todos los creyentes, guiará la vida de las almas apareciendo en diversas formas. Ella será la Reina de la Era Venidera... Su manto cubrirá toda la tierra, su tiara la decorará. Su Corazón dirigirá al mundo entero hasta que llegue el juicio final.[207]

Morada de demonios

Apocalipsis 18 principia describiendo la caída de Babilonia: "Ha caído, ha caído la gran Babilonia, y se ha hecho habitación de demonios y guarida de todo espíritu inmundo, y albergue de toda ave inmunda y aborrecible" (Apocalipsis 18:2).

Note en este versículo que hay demonios tras la fachada de Babilonia. La palabra griega para *inmundo* es *akathartos*, la misma con que se describe a los espíritus demoníacos mencionados en Apocalipsis 16:13-14: "Y vi salir de la boca del dragón, y de la boca de la bestia, y de la boca del falso profeta, tres espíritus inmundos a manera de ranas; **pues son espíritus de demonios**, que hacen señales, y van a los reyes de la tierra en todo el mundo..."

El *New International Greek Testament Commentary* (Nuevo comentario internacional del testamento griego) sobre Apocalipsis resume la caída de Babilonia: "Al arrancar la fachada lujosa de Babilonia (17:4; 18:16), queda al descubierto su esqueleto, dentro del cual se sientan sólo criaturas demoníacas con apariencia de aves. La interpretación judía de las criaturas en Isaías 13:21 y 34:11, 14 indicaba que eran diabólicas. Esta revelación final muestra que el ámbito demoníaco ha sido la fuerza que ha dirigido a Babilonia.[208]

¿Es posible que Babilonia, una clave para referirse a Roma, haya sido guiada por el ámbito demoníaco? Más específicamente, ¿son las apariciones de María —que guían e influyen a la Iglesia Católica Romana— espíritus inmundos?

Sentada como reina

En Apocalipsis 18, Dios por gracia pide a Su pueblo que salga de allí: "Salid de ella, pueblo mío, para que no seáis partícipes de sus pecados, ni recibáis parte de sus plagas; porque sus pecados han llegado hasta el cielo, y Dios se ha acordado de sus maldades" (Apocalipsis 18:4-5). Lo asombroso es que algunos del pueblo de Dios se dejan engañar y se involucran con ella. Jesús dijo que la mentira en los últimos tiempos se extendería tanto que, de ser posible, aun los elegidos serían engañados.[209] Al parecer, muchos elegidos son engañados por un tiempo. La buena noticia es que multitudes volverán al Señor durante la tribulación y recibirán el regalo de la salvación.[210]

Finalmente, en Apocalipsis 18 vemos que esta mujer se dice reina y vive disfrutando de placeres. En franca rebeldía, niega que sufrirá y será juzgada:

> Cuanto ella se ha glorificado y ha vivido en deleites, tanto dadle de tormento y llanto; porque dice en su corazón: **Yo estoy sentada como reina**, y no soy viuda, y no veré llanto (Apocalipsis 18:7).

¿Alguna otra mujer declara ser reina, prediciendo que se sentará sobre las naciones y guiará a la humanidad en los días finales? Sólo la aparición de María se atribuye ese título y ejerce poder para alcanzar ese objetivo, aunque sea por un tiempo. Realmente se glorifica a sí misma. Por tanto, la aparición corresponde muy bien a la descripción bíblica de esta reina malvada.

La ramera será destruida

Es sorprendente que los espíritus malignos que están tras la aparición, que en última instancia son dirigidos por Satanás, piensen que realmente derrotarán a Dios. Debido a su orgullo y arrogancia, Satanás está cegado respecto a su destino final. Sin embargo, Dios nos asegura que esta ramera malvada y su sistema falso finalmente serán destruidos:

> Y los diez cuernos que viste en la bestia, éstos

> aborrecerán a la ramera, y la dejarán desolada y desnuda; y devorarán sus carnes, y la quemarán con fuego... por lo cual en un solo día vendrán sus plagas; muerte, llanto y hambre, y será quemada con fuego... Con el mismo ímpetu será derribada Babilonia, la gran ciudad, y nunca más será hallada (Apocalipsis 17:16; 18:8, 21).

Aunque Dios advierte que en los últimos tiempos la reina ascenderá al poder, también promete destronarla y destruirla. Dios incluyó en Su Palabra esa advertencia y promesa cruciales, para que sepamos con anticipación y respondamos a Su llamado: "Salid de ella, pueblo mío, para que no seáis partícipes de sus pecados, ni recibáis parte de sus plagas" (Apocalipsis 18:4). Dios es fiel, paciente y amoroso con nosotros. El Señor desea que todas las personas se salven y conozcan la verdad.[211]

> El Señor no retarda su promesa, según algunos la tienen por tardanza, sino que es paciente para con nosotros, no queriendo que ninguno perezca, sino que todos procedan al arrepentimiento (2 Pedro 3:9).

Muchas otras claves indican que la aparición de la Reina del Cielo, y su sistema falso, es la gran ramera descrita en Apocalipsis 17, 18 y 19. Le animamos a estudiar a fondo estos capítulos.

En los próximos dos capítulos examinaremos otras profecías que también indican que una mujer malvada perpetrará un engaño mundial.

Capítulo 8

LA SEÑORA DE REINOS

La Señora de todas las naciones

Los seguidores de la aparición de María frecuentemente la llaman "Nuestra Señora". Hay centenares, posiblemente millares, de apariciones a las que les dan el título de "Nuestra Señora". En Medjugorje, Bosnia, la llaman Nuestra Señora de Medjugorje. En París, Francia, es Nuestra Señora de París. En Fátima, Portugal, es llamada Nuestra Señora de Fátima. En Akita, Japón, la llaman Nuestra Señora de Akita.

Dondequiera que aparece, automáticamente es llamada Nuestra Señora. Por tanto, resulta apropiado que una aparición importante declare ser "La Señora de Todas las Naciones". Esta popular aparición se presentó a la visionaria Ida Peerdeman, parada sobre la tierra como la gran pastora sobre sus ovejas, frente a una gran cruz, con rayos que emanaban de sus manos heridas, y proclamando que era la Corredentora.

A nivel mundial, en verdad se puede considerar a la aparición de María como "La Señora de Todas las Naciones", porque se está presentando en casi todos los países. Veamos una cita de la aparición de María en Amsterdam, que afirma ser "La Señora de Todas las Naciones":

> Soy la Señora, María, Madre de todas las naciones. Pueden decir: "La Señora de Todas las Naciones" o "Madre de Todas las Naciones", que antes era María.

> He venido precisamente hoy para decirles que deseo que me conozcan de esta forma. ¡Que todos los hijos de los hombres, de todos los países del mundo, sean uno![212]

La señora de reinos

El apóstol Juan no fue el único profeta que vio con anticipación a una reina que sería juzgada ante la mirada de todo el mundo. El profeta Isaías también advirtió acerca de una mujer engañadora, llamada la "virgen hija de Babilonia" y "señora de reinos", a quien Dios expondría y castigaría. En Isaías 47 se describe cómo esta reina perderá su trono y será enviada a las tinieblas.

Aunque es evidente que las profecías de Isaías sobre la "virgen hija de Babilonia" ya se cumplieron, ¿podrían tener una aplicación doble con un cumplimiento futuro? Las profecías bíblicas con cumplimiento a corto y largo plazo son muy comunes en la Escritura.[213] Estudiemos Isaías 47 para comprobar si se justifica un cumplimiento doble:

> Desciende y siéntate en el polvo, **virgen hija de Babilonia**. Siéntate en la tierra, sin trono... Siéntate, calla, y entra en tinieblas, hija de los caldeos; porque nunca más te llamarán **señora de reinos** (Isaías 47:1, 5).

A esta virgen, sentada en el trono hasta que sea juzgada por Dios, se le llama "señora de reinos". ¿Le suena familiar? El título es casi idéntico al de la aparición de María en Holanda. ¿Por qué una aparición de María se presentaría como "La Señora de Todas las Naciones", un título que Isaías aplica a una mujer malvada, involucrada en hechicerías, que finalmente es destruida?

La verdadera María de Nazaret no adoptaría el nombre de una mujer maligna. ¿Podría esta profecía de Isaías aplicarse a la entidad que se aparece como María? ¿Hay conexión entre la señora de reinos y la reina descrita en Apocalipsis? ¿Quién es esta virgen hija de Babilonia? ¿Está relacionada con la mujer de Apocalipsis 17 que en la frente lleva escrito: un misterio, Babilonia?

La virgen hija de Babilonia

En Isaías 47:1-3, Dios, por medio del profeta, empieza a describir a la virgen hija de Babilonia. Es virgen e hija o descendiente de Babilonia: "Desciende y siéntate en el polvo, virgen hija de Babilonia. Siéntate en la tierra, sin trono, hija de los caldeos; porque nunca más te llamarán tierna y delicada... Será tu vergüenza descubierta, y tu deshonra será vista; haré retribución" (Isaías 47:1, 3).

Vemos aquí que ella tiene un trono hasta que el Señor la juzgue y exponga (la descubra, vv. 2-3). Por supuesto, sólo una reina tiene trono y, aparentemente, eso es ella. El hecho de que deba ser descubierta muestra que no es lo que parece ser: es engañadora. Esta descripción es apropiada también para la aparición de María. Afirma ser reina. Dice tener un trono. Declara que es virgen perpetua. Asegura que habla con autoridad del Señor, pero engaña astutamente a millones de personas.

Bob y Penny Lord, católicos defensores de María, expresan el sentir de millones de devotos marianos al escribir: "Es bueno poner a María en un trono porque es nuestra reina".[214]

Tierna y delicada

Los seguidores de la aparición de María la llaman "tierna y delicada", una descripción que muestra cómo la perciben sus fieles. Los seguidores a menudo proclaman que "María" es tierna, gentil y accesible. Dondequiera que aparece, la describen como hermosa y radiante, mostrándose a la vez tierna y misericordiosa. Es interesante notar que la palabra hebrea para *delicada* es *anog*, que también se traduce como *lujosa*. Puesto que esta mujer tiene trono y, por tanto, es reina, un término más apropiado para ella sería *lujosa*. En todo caso, los seguidores de la virgen descrita en Isaías 47 la consideran tierna y delicada, tal como la virgen de las apariciones se presenta en todo el mundo:

> Soy una Madre tierna y comprensiva para todos ustedes.[215]

Los visionarios también describen la aparición de María como una Señora y Virgen de hermosura exquisita. La visionaria

Estela Ruiz dice que la Virgen irradia esplendor y tierno amor. Al relatar que, durante una aparición, quedó admirada por la belleza y ternura de la Señora, Estela recuerda:

> Su facción más dominante son los ojos. Estos le roban a uno el corazón. Están llenos de gracia, amor, ternura y misericordia. Hay muchas características hermosas en ella.[216]

Incluso hay un icono de María conocido como "Nuestra Señora de la Ternura". La Iglesia Oriental construyó una gran catedral para Nuestra Señora de la Ternura. En Rusia y Ucrania, "La Señora que Salva a Rusia", como se le llama también, es la imagen más amada de la Iglesia Oriental. El icono de esta "Señora" tierna y delicada obtuvo fama internacional por esfuerzos ecuménicos. No nos asombra, pues, que "Nuestra Señora de la Ternura" simbolice ahora el movimiento en favor de la unidad de las iglesias.[217]

Es interesante que tanto la "señora" en Isaías como las manifestaciones de "Nuestra Señora" emanan ternura y exuberancia real. Sigamos examinando la descripción de Isaías acerca de esta mujer.

Corredentora

La aparición de María en Amsterdam como "La Señora de Naciones" tiene especial importancia porque es la que más ha procurado persuadir a los fieles para que la denominen su Corredentora. Es interesante ver lo que dice Dios antes de llamarla por su nombre:

> **Nuestro Redentor, Jehová de los ejércitos es su nombre**, el Santo de Israel. Siéntate, calla, y entra en tinieblas, hija de los caldeos; porque nunca más te llamarán señora de reinos (Isaías 47:4-5).

¿Es posible que Dios haya revelado 2,700 años antes que la Señora de Reinos querría ser conocida como Corredentora? Dios declara en Su Palabra que sólo Él anuncia "lo por venir desde el principio". No hay duda de que Dios previó esa doctrina abominable, y la aborrece. El Señor responde enfáticamente que sólo Él es el Redentor. Afirma incluso que no discutirá con un hombre al respecto (v. 3). Realmente, dice Él, eso no está sujeto a discusión.

Sin embargo, la aparición ha rogado a los fieles que intervengan en su favor, pidiendo al Papa que anuncie este nuevo dogma: el dogma de la Corredentora. Vea las palabras de "La Señora de Todas las Naciones":

> Aquí estoy una vez más. **La Corredentora, Mediadora y Abogada está ante ustedes**. Escogí este día: hoy la Señora será coronada. Teólogos y apóstoles del Señor Jesucristo, escuchen atentamente: Les he explicado el dogma. Trabajen por este dogma y pídanlo. **Deben pedir este dogma al Santo Padre**... En este día "la Señora de Todas las Naciones" recibirá Su título oficial de "Señora de Todas las Naciones".[218]

Dios efectivamente declara que este tema no está abierto a debate. Sólo Él es el Redentor de todos. "Nuestro Redentor, Jehová de los ejércitos es *Su* nombre" (Isaías 47:4). Aún así, Isaías 47:4-5 anuncia que ella será llamada "señora de reinos" por sus seguidores, e indica que les pedirá que la proclamen su Corredentora. Hoy en día pareciera acercarse el cumplimiento de esa petición. En 1997, la revista *Newsweek* publicó un artículo principal sobre María, discutiendo su posible nuevo rol como Corredentora. Veamos una parte del mismo:

> En los últimos cuatro años, el papa ha recibido 4'340,429 firmas desde 157 países —un promedio de 100,000 mensuales— apoyando el dogma propuesto [el dogma de la Corredentora]. Entre las personas más notables que lo apoyan están la Madre Teresa de Calcula, casi 500 obispos y 42 cardenales, incluyendo a John O'Connor de Nueva York, Joseph Glemp de Polonia, y seis cardenales del Vaticano mismo. En Roma nunca se había visto semejante fuerza organizada para una petición. Por otro lado, no es común que los católicos le rueguen al papa que haga un pronunciamiento infalible.[219]

El dogma mariano final

Desde que se escribió ese artículo, varios millones más de firmas han sido enviadas al Papa en apoyo del dogma. ¿Se cumplirá pronto la profecía que Isaías hizo hace 2,700 años? Según teólogos marianos, la doctrina de la Corredentora será el dogma mariano final, e introducirá su reinado triunfante prometido en Fátima. Los autores Ted y Maureen Flynn explican lo que ellos, y muchos otros teólogos marianos, creen que ocurrirá pronto:

> El último evento principal será la proclamación de la Bendita Madre como Corredentora, Mediadora y Abogada —el dogma mariano final de la Iglesia Católica.[220]

La virgen hija de Babilonia proclama que será señora para siempre, pero Dios le dice que ella no recuerda **la postrimería** de estos eventos,[221] es decir, que será totalmente destruida.[222] La idea de que este es el dogma mariano final concuerda con la profecía de Isaías, indicando que sucederá en la etapa final, justo antes de su destrucción.[223]

Note que en Isaías 47:5, Dios declara que cuando Él destrone a "la señora de reinos", ella entrará en tinieblas. ¿No es allí a donde van los ángeles caídos antes del juicio? Veamos cómo lo describe la Biblia: "Dios no perdonó a los ángeles que pecaron, sino que arrojándolos al infierno los entregó a prisiones de oscuridad, para ser reservados al juicio" (2 Pedro 2:4).

Nuestra madre

Otro tema universal de las numerosas apariciones alrededor del mundo es que ella es nuestra madre y nosotros somos sus hijos. No debe sorprendernos que Dios también hable de esta afirmación con anticipación:

> Oye, pues, ahora esto, mujer voluptuosa, tú que estás sentada confiadamente, tú que dices en tu corazón: **Yo soy, y fuera de mí no hay más; no quedaré viuda, ni conoceré orfandad**. Estas dos cosas te vendrán de

> repente en un mismo día, orfandad y viudez; en toda su fuerza vendrán sobre ti, a pesar de la multitud de tus hechizos y de tus muchos encantamientos (Isaías 47:8-9).

La mujer en Isaías 47, quien cree que siempre tendrá hijos, obviamente se considera su madre. Cree que su posición como madre está segura. La aparición de María afirma lo mismo, diciendo que todos somos sus hijos y que ella es nuestra madre para siempre:

> Pues bien, naciones, confíen en vuestra Madre, quien nunca ha abandonado a Sus hijos.[224]

> Una madre jamás olvida a sus hijos. Y yo no he olvidado lo que ustedes sufren. Soy la Madre de todos ustedes, pecadores. Invóquenme con estas palabras: "Santa Virgen, tú eres mi Madre, la Madre de todos nosotros, pecadores".[225]

Dondequiera que aparece la "Bendita Madre", declara esas palabras. Por ejemplo, Nuestra Señora de Medjugorje proclamó: "... como su **Madre Celestial**, vengo a llamar a toda la humanidad para que retorne al amor de Dios... **Todo ser humano en esta tierra es mi hijo**, y no quiero perder ni una sola alma".[226] Hay miles de mensajes similares dados por apariciones alrededor del mundo. Evidentemente, esta señora cree que somos sus hijos y afirma que siempre lo seremos.

Señales y prodigios

Isaías 47:9 también habla de los hechizos y encantamientos de la señora de reinos. ¿Existe actualmente otro fenómeno sobrenatural que afirme hacer tantos milagros, señales y prodigios? Este fenómeno tiene más prodigios que ningún otro. Literalmente fascina a multitudes.

> **¡Vean con cuántas señales acompaño mi llamamiento angustiado!**... Con mensajes que he dado y apariciones que he otorgado en muchas partes del mundo, con numerosos llantos, aun con sangre, quiero que comprendan que este es un tiempo crítico...[227]

> En este mismo país [Japón] les he dado una señal extraordinaria, haciendo que más de cien veces caigan copiosas lágrimas de los ojos de una de mis estatuas, en la que estoy representada como la Madre de los Dolores al pie de la cruz de mi Hijo, Jesús.[228]
>
> Estoy derramando lágrimas por toda la humanidad. ¡Quiero salvarlos! Escúchenme. Soy una Madre misericordiosa y estoy sobre esta tierra. Permito que me vean después de muchas advertencias. **Doy muchas señales**.[229]

Sus señales y prodigios (que Jehová llama hechizos y encantamientos) son los que atraen hacia ella a tantos seguidores. Jesús predijo que sucedería en los últimos tiempos: "Se levantarán falsos Cristos, y falsos profetas, y harán grandes señales y prodigios, de tal manera que engañarán, si fuere posible, aun a los escogidos" (Mateo 24:24). A los que la siguen, Dios aún los llama "mi pueblo",[230] confirmando que esas señales y prodigios mentirosos se dirigirían a los elegidos, engañándolos por un tiempo.

Algunos defensores de las apariciones marianas arguyen que sólo Dios podría estar tras las muchas señales y prodigios. Piensan que el poder de las apariciones únicamente podría provenir de Dios. Una vez más, encontramos la respuesta en la Biblia: "[el] inicuo cuyo advenimiento es por obra de Satanás, con gran poder y señales y prodigios mentirosos, y con todo engaño de iniquidad para los que se pierden, por cuanto no recibieron el amor de la verdad para ser salvos" (2 Tesalonicenses 2:9-10).

En los últimos días, Satanás hará que se realicen numerosas señales y prodigios falsos para engañar a los moradores de la tierra. Incluso se le permitirá mostrar poder (aparente) para sanar: "Vi una de sus cabezas como herida de muerte, pero su herida mortal fue sanada; y se maravilló toda la tierra en pos de la bestia" (Apocalipsis 13:3). A Satanás se le ha concedido poder para afligir con enfermedad y quitarla. En el libro de Job vemos un ejemplo de esto.[231]

El Antiguo Testamento nos da muestras notables del poder de Satanás. En Egipto, por ejemplo, cuando Moisés y Aarón convirtieron su vara en serpiente, los magos del faraón, Janes y Jambres, hicieron lo mismo con sus varas.

> Vinieron, pues, Moisés y Aarón a Faraón, e hicieron como Jehová lo había mandado. Y echó Aarón su vara delante de Faraón y de sus siervos, y se hizo culebra. Entonces llamó también Faraón sabios y hechiceros, e hicieron también lo mismo los hechiceros de Egipto con sus encantamientos; pues echó cada uno su vara, las cuales se volvieron culebras; mas la vara de Aarón devoró las varas de ellos (Éxodo 7:10-12).

Es asombroso que Satanás, actuando por medio de hechiceros y magos, pudo convertir materia sin vida en serpientes (aparentemente) vivas. En los siguientes versículos leemos que los magos y hechiceros también repitieron la plaga de ranas y convirtieron el río Nilo en sangre.[232]

Si Satanás puede duplicar las señales y prodigios de Dios, entonces no se pueden usar los milagros, señales y prodigios como indicadores de la verdad. Jesús dijo: "La generación mala y adúltera demanda señal" (Mateo 12:39). Debemos buscar a Jesús en Su Palabra, y las señales y prodigios nos seguirán; no lo contrario.

> ¡A la ley y al testimonio! Si no dijeren conforme a esto, es porque no les ha amanecido (Isaías 8:20).
>
> No sólo de pan vivirá el hombre, sino de toda palabra que sale de la boca de Dios (Mateo 4:4).

Fuego del cielo

Isaías 47:9 nos dice que "la señora de reinos" tiene muchos encantamientos que evidentemente fascinan a sus seguidores. La aparición también tiene multitud de trucos que cautivan a sus hijos. Uno en especial ha atraído a multitudes. Lo llaman el Milagro del Sol.

El Milagro del Sol es una de las señales que se reportan más comúnmente en los lugares de las apariciones. Los peregrinos informan que el sol gira, tiembla y aun parece caer hacia la tierra. Se cree que literalmente millones de peregrinos han experimentado esta señal en los últimos años. ¿Puede Satanás hacer que prodigios de notable magnitud aparezcan ante la humanidad? La Biblia nos enseña al respecto.

En el libro de Job leemos que Satanás pidió permiso a Dios para afligir a Su fiel siervo Job, con la esperanza de que éste maldijera a su Creador. Dios le permitió tentar a Job e incluso dijo a Satanás: "He aquí, todo lo que tiene está en tu mano" (Job 1:12). Poco después Satanás incitó a los sabeos, y estos se llevaron a los animales de Job y mataron a sus criados.

Tras esta devastadora noticia, de inmediato llegó otro criado y le dijo a Job: "**Fuego de Dios cayó del cielo**, que quemó las ovejas y a los pastores, y los consumió; solamente escapé yo para darte la noticia" (Job 1:16). Aunque el siervo lo llamó "fuego de Dios", por el relato sabemos que Satanás causó ese fuego del cielo.

En el libro de Apocalipsis hallamos más información. En los últimos días, la segunda bestia de Apocalipsis 13 hará "grandes señales, **de tal manera que aun hace descender fuego del cielo a la tierra delante de los hombres**. Y engaña a los moradores de la tierra con las señales" (Apocalipsis 13:13-14). Satanás posee la astucia y el poder para engañar a quienes no conocen la Palabra de Dios o no la obedecen.

Hechizados por la señora

Esta Señora que afirma ser nuestra madre está seduciendo a muchos cristianos con sus encantamientos. Ha fascinado a muchos con sus señales y prodigios. Cuando los visionarios tienen un encuentro con la aparición de María, literalmente entran en trance. La experiencia es tan agradable que los visionarios se refieren a ella como éxtasis.

¿Cuál otra "señora" (Isaías 47:5) hechiza al pueblo de Dios (Isaías 47:6, 9); viene como "reina" con un trono (Isaías 47:1);

se presenta al mundo como tierna, delicada y hermosa (Isaías 47:1); esconde su verdadera naturaleza (Isaías 47:2); quiere que la declaren "Corredentora" (Isaías 47:3-4); se dice "señora de reinos" (Isaías 47:5); proclama que es nuestra "madre" (Isaías 47:8); y seduce al pueblo de Dios con sus hechizos (Isaías 47:9)?

Nadie me ve

Lo extraño es que pocos cristianos están conscientes del alcance de este engaño. Muchos aceptan que las apariciones deben provenir de Dios, mientras que otros simplemente ignoran lo que sucede. Aun entre los que saben que las apariciones son demoníacas, un velo espiritual no les permite ver la enormidad y conclusión del engaño en estos últimos días. Dios también previó que la verdadera naturaleza de la Reina del Cielo no será expuesta sino hasta el final:

> Porque te confiaste en tu maldad, diciendo: **Nadie me ve** (Isaías 47:10).

¿No es interesante que la población en general desconozca la magnitud de los eventos en torno a las apariciones marianas? Más extraño aún es que los cristianos que más saben de la Biblia ignoren las actividades de las apariciones. ¡Dios lo previó! Él predijo que la maldad de ella permanecería oculta hasta el final. Incluso la aparición de María ha predicho que su presencia no se revelaría totalmente al mundo hasta una fecha señalada:

> El Padre quiere que el mundo reconozca este rango de Su sierva... Mi señal está emergiendo. Dios así lo desea. Sólo mis hijos la reconocen, al revelarse en secreto, y alaban al Eterno por ello. Hoy no puedo revelar mi poder a todo el mundo. Debo retirarme con mis hijos. En secreto realizaré milagros en las almas hasta que se complete el número de sacrificios... Entonces podré revelarme al mundo entero...[233]

Ella ha empezado a revelar su poder a todo el mundo. Por tanto, según la Biblia, estamos en los momentos finales de esta era. Gracias a Dios, Él promete exponer a la mujer y librar de ella a Su pueblo. Él revelará la verdadera naturaleza de ella y salvará a los que invoquen el nombre de Dios sinceramente.

Hay otros paralelos entre la virgen descrita en Isaías 47 y las apariciones actuales de María. Hemos mencionado algunos para que los seguidores al menos consideren la posibilidad de que la aparición de María no sea lo que dice ser. En el próximo capítulo estudiaremos otros pasajes bíblicos que muestran la enormidad de este engaño.

Capítulo 9

LA MUJER MALVADA

En este libro hemos documentado cómo las corrientes y eventos actuales apuntan hacia la revelación de un engaño religioso, el cual se extiende por el mundo en el nombre de Cristo. Aunque este fenómeno no es nuevo, es evidente que el engaño se intensifica. Es mundial. Involucra a numerosas religiones y, por tanto, es ecuménico. Además, es diabólico porque presenta una falsificación del verdadero evangelio y revelación del Salvador real.

Los datos presentados muestran el potencial que posee este fenómeno de la "Reina de todos" para engañar al mundo. A pesar de que los datos son genuinos y reveladores, pocos parecen entender lo que está ocurriendo. Los que sí lo comprenden, a menudo rehúsan advertir a otros sobre la gran mentira inminente.

En los dos capítulos previos mostramos que la Palabra de Dios advierte sobre un sistema falso, similar al babilónico y encabezado por una mujer. Si es exacto el escenario descrito en este libro, revelando un plan espiritual para defraudar a las naciones, ¿no dará más claves la Biblia para mostrarlo anticipadamente? Deténgase y piense en la importancia que eso tiene. Si Satanás tiene un plan para engañar al mundo mediante una diosa que se dice la madre del Salvador, ¿no revelaría esto la Palabra inspirada antes de que sucediera?

En este capítulo veremos otros pasajes bíblicos que muestran que Dios hizo eso precisamente. El reino de Satanás es de tinieblas.[234] El reino de Dios es de luz.[235] Veamos cómo la Palabra de Dios provee conocimiento y comprensión, y expone el plan engañoso de Satanás.

¡Esta es la maldad!

El libro de Zacarías presenta una profecía peculiar, describiendo a una mujer malvada que es llevada a la tierra de Sinar, donde antes estaba la antigua Babilonia. Es importante saber que Zacarías lo profetizó después del cautiverio de Israel en Babilonia, y después que ésta fue conquistada por los medos y persas. Eso indica que se trata de una profecía aún futura. Veamos la profecía de Zacarías:

> Esta es la maldición que sale sobre la faz de toda la tierra... Y salió aquel ángel que hablaba conmigo, y me dijo: Alza ahora tus ojos, y mira qué es esto que sale. Y dije: ¿Qué es? Y él dijo: Este es un efa que sale. Además dijo: **Esta es la iniquidad de ellos en toda la tierra**. Y he aquí, levantaron la tapa de plomo, y **una mujer estaba sentada en medio de aquel efa. Y él dijo: Esta es la Maldad**... ¿A dónde llevan el efa? Y él me respondió: Para que le sea edificada casa **en tierra de Sinar**; y cuando esté preparada lo pondrán sobre su base (Zacarías 5:3, 5-8, 10-11).

La Biblia advierte otra vez acerca de una mujer malvada que afectará a toda la tierra en los últimos días. Zacarías especifica que su destino final es la "tierra de Sinar", identificada en la Biblia como el área de Babilonia.[236] Es sorprendente que Juan, Isaías y Zacarías relacionan a una mujer malvada con Babilonia, donde se originó la religión falsa y la idolatría. Además, dicen que el engaño será universal, afectando a todas las naciones.

La mujer en Zacarías 5 permanece oculta en un efa (canasta) hasta que el ángel levanta la tapa. Eso indica que su maldad está escondida, concordando con Isaías 47 donde la Señora de Reinos dice: "nadie me ve"; y con Apocalipsis 17 donde la mujer lleva escritas en la frente las palabras: "un misterio: Babilonia". La palabra *misterio* significa *secreto oculto*.

Note también que al explicar la maldición universal, el ángel declara: "Esta es la iniquidad *de ellos* en toda la tierra" (v. 6). Luego el ángel le muestra a Zacarías a una mujer sentada en una canasta. Es interesante que al referirse a ella, se usa el plural: *de ellos*. ¿Se indica así que la mujer tiene muchas formas y apariencias, y tal vez muchos espíritus demoníacos bajo su poder que se aparecen como María alrededor del mundo?

Sabemos que Satanás tiene un gran número de ángeles caídos que cumplen sus órdenes. Aunque el diablo no es omnipresente, dirigiendo a sus demonios puede hacer que se manifiesten en toda la tierra, apareciendo como la misma mujer en muchos sitios a la vez. Específicamente se nos dice que, en los últimos días, Satanás y sus ángeles caídos irán por el mundo para engañar: "Y fue lanzado fuera el gran dragón, la serpiente antigua, que se llama diablo y Satanás, el cual engaña al mundo entero; fue arrojado a la tierra, y sus ángeles fueron arrojados con él" (Apocalipsis 12:9). "Pues son espíritus de demonios, que hacen señales, y van a los reyes de la tierra en todo el mundo" (Apocalipsis 16:14).

En Zacarías 5 se nos dice también que la maldición mundial "vendrá a la casa del ladrón, y a la casa del que jura falsamente en mi nombre; y permanecerá en medio de su casa y la consumirá" (v. 4). Como hemos documentado, los seguidores de la Reina del Cielo hacen juramentos y le consagran sus vidas en el nombre del Señor. Esos juramentos de consagración a la Reina se hacen en el nombre de Jesús. Por tanto, los seguidores de la Reina juran falsamente en el nombre de Dios.

La maldición mundial llegará también a "la casa del ladrón". ¿Qué puede significar esto? Jesús advirtió: "De cierto, de cierto os digo: El que no entra por la puerta en el redil de las ovejas, sino que sube por otra parte, ése es ladrón y salteador" (Juan 10:1). Jesús dijo luego: "Yo soy la puerta; el que por mí entrare, será salvo" (Juan 10:9). Jesús es la única puerta.

Por tanto, Dios con razón llama ladrones a los seguidores de la Reina porque tratan de entrar al cielo por otro camino, por una puerta distinta. Confían en el evangelio falso de la Reina y en sus promesas falsas, en vez de creer en el evangelio verdadero que se encuentra en la Palabra de Dios.

La mujer malvada huye a Babilonia

¿Qué sucederá para que las profecías sobre la "mujer malvada" se cumplan literal y completamente? El comentario de Frank Boyd sobre Babilonia presenta una conjetura interesante respecto a la relación de estas profecías:

> Aunque los capítulos 17 y 18 [de Apocalipsis] están relacionados por el término "Babilonia", hay una clara distinción entre ambos. En el 17 el término se aplica a un sistema político eclesiástico, pero en el 18 se refiere a una ciudad literal, un gran centro comercial. Desde que el centro del misticismo babilónico se trasladó a Roma, incorporándose a la Iglesia Católica Romana, Roma ha sido la sede del poder babilónico; pero cuando ocurra la consolidación de los 10 reyes bajo el liderazgo de la bestia, probablemente la sede del poder se traslade a una nueva ciudad capital en la "tierra de Sinar", en el valle del Eúfrates, sitio de la antigua Babilonia.[237]

¿Es posible que la mujer inicie su reinado en Roma y después traslade su sede a la "tierra de Sinar", sitio de la antigua Babilonia? Recuerde que al empezar su reinado, esta mujer cabalga y controla a la bestia,[238] pero en algún momento la bestia y sus diez reyes se levantan contra ella para destruirla.[239] Cuando eso suceda, ¿podrá ella huir y retornar a su antigua tierra?

El deseo de las mujeres

Otro pasaje interesante se encuentra en Daniel 11. Durante el período de tribulación, el anticristo "se ensoberbecerá, y se engrandecerá sobre todo dios; y contra el Dios de los dioses hablará maravillas, y prosperará, hasta que sea consumada la ira... Del Dios de sus padres no hará caso, **ni del amor de las mujeres**; ni respetará a dios alguno, porque sobre todo se engrandecerá (Daniel 11:36-37).

¿Qué significa la expresión "del amor de las mujeres"? Los eruditos presentan tres opiniones principales. Muchos creen que la frase implica el anhelo de las judías piadosas de recibir al Mesías. Por tanto, sostienen que "el deseo de las mujeres" se refiere al verdadero Mesías, a quien el anticristo blasfemará y menospreciará.

Algunos comentaristas recientes creen que "el deseo de las mujeres" se refiere a la preferencia sexual no natural del anticristo.

Sin embargo, el tercer punto de vista concuerda perfectamente con el contexto, es decir, que el anticristo "se ensoberbecerá, y se engrandecerá sobre todo dios" (v. 36). El erudito bíblico G. H. Pember explica así esta interpretación:

> La expresión "del deseo de las mujeres" se encuentra entre dos sustantivos que, sin duda, se refieren a dioses concretos; por tanto, de seguro designa a una deidad a la que las mujeres siguen en forma más especial. Y, habiendo llegado a este punto, ya no hay dificultad: esa deidad no puede ser otra sino la Diosa de la Naturaleza con muchos nombres, que ha sido adorada principalmente por mujeres en todas las épocas, desde los tiempos más primitivos hasta nuestros días, por paganos y cristianos apóstatas de todas partes.
>
> Es la Beltis o Milita de los babilonios; la Ishtar de los asirios; la Astarte de los fenicios; la Reina del Cielo que menciona Jeremías; la Tanata de los persas; la Isis de los egipcios; la Shing Moo o Santa Madre de los chinos; la Afrodita de los griegos; la Artemis o Diana de los efesios; la Venus de los romanos... y la Virgen María de los católicos del oriente y occidente. Es la diosa a quien a menudo se refieren como Nuestra Señora de La Salette, Nuestra Señora de Lourdes, para quien parece haber templos aun en la China...[240]

Otros expositores bíblicos concuerdan en que la frase, "del deseo de las mujeres", se refiere a esta diosa de muchos nombres.

John Peter Lange explica:

> Ni del deseo de las mujeres ni de ningún otro dios hará caso... [En vista de la conexión hebrea, esto] no puede significar nada más sino un dios... Tenemos que pensar en la diosa de la naturaleza entre los asiáticos; la Baaltis, Astarte o Milita de los babilonios; la Artemis persa y la Nanea de los sirios. Esto es lo más seguro, ya que se reporta expresamente que Antioco infligió una crasa indignidad en la adoración a esta diosa (que es idéntica a la "reina del cielo")... Por ello, con pocas excepciones, expositores modernos desde J. D. Michaelis, Gesenius, Dereser y Havernick, concuerdan en aplicar la frase a esta divinidad.[241]

En Apocalipsis 17, la mujer inicia su reinado cabalgando la bestia hacia el poder (v. 3). La bestia representa al anticristo y su imperio mundial.[242] Aunque en el principio la mujer controla las riendas del poder, después la bestia (el anticristo) se rebela para destruirla a ella y su sistema religioso en la segunda mitad del período de tribulación.[243] En cierto momento —quizás en la mitad— Satanás entrará en el hombre a quien la Biblia llama bestia o anticristo, y lo poseerá. Desde ese instante, Satanás consolidará su sede de poder. Ya no necesitará usar el disfraz de la Reina del Cielo ni su sistema religioso. Será en ese tiempo cuando el anticristo exaltará su trono sobre todo dios, y ya no necesitará ni hará caso "del deseo de las mujeres".

Una impostora

En 2 Tesalonicenses 2 hay una profecía sobre los últimos días, paralela a la revelación en Daniel 11:36-37. En este conocido pasaje, el apóstol Pablo reitera que el anticristo se exaltará sobre todo dios:

> Nadie os engañe en ninguna manera; porque no vendrá sin que antes venga la apostasía, y se manifieste el hombre de pecado [anticristo], el hijo de perdición, el cual se opone y se levanta contra todo lo que se llama Dios o es objeto de culto; tanto que se sienta en el

> templo de Dios como Dios, haciéndose pasar por Dios (2 Tesalonicenses 2:3-4).

Es interesante lo que Pablo escribe unos versículos después:

> [El] inicuo cuyo advenimiento es por obra de Satanás, con gran poder y señales y prodigios mentirosos, y con todo engaño de iniquidad para los que se pierden, por cuanto no recibieron el amor de la verdad para ser salvos. Por esto Dios les envía un **poder engañoso**, para que crean la mentira, a fin de que sean condenados todos los que no creyeron a la verdad, sino que se complacieron en la injusticia (2 Tesalonicenses 2:9-12).

Dios mismo enviará un poder engañoso. La palabra griega para *engañoso* es *plane*. Según la *Concordancia de Strong*, el término griego *plane* está en género femenino. Se deriva del griego *planos*, que puede definirse como *vagabundo*, *impostor*, *mentiroso* o *engañador*. Al parecer, Dios enviará (¿permitirá?) a una engañadora o impostora a los que no reciban el amor a la verdad.

Jesús dijo: "Tu palabra es verdad" (Juan 17:17). Por tanto, los que rechazan la Palabra de Dios están rechazando la verdad. Si uno rechaza la verdad ahora, estará vulnerable a un gran engaño en el futuro. ¡Cuán importante es recibir el amor a la verdad ahora!

Eso ocurrirá durante la tribulación. ¿Es posible que la mujer malvada que se aparece como María sea el poder engañador que es enviado en los últimos días de la tierra? ¿Qué otra mujer mentirosa está presentando una mentira que contradice a la Palabra de Dios y es aceptada a nivel mundial?

La malvada Jezabel

Jesús advirtió dos veces acerca de una mujer malvada: Mateo 13:33 y Apocalipsis 2:20-23. En Apocalipsis 2, Jesús identifica a "Jezabel" como una falsa profetisa que enseña y seduce a los siervos del Señor para que cometan idolatría:

> Pero tengo unas pocas cosas contra ti: que toleras que esa

> mujer Jezabel, que se dice profetisa, enseñe y seduzca a mis siervos a fornicar y a comer cosas sacrificadas a los ídolos. Y le he dado tiempo para que se arrepienta, pero no quiere arrepentirse de su fornicación. He aquí, yo la arrojo en cama, y en gran tribulación a los que con ella adulteran, si no se arrepienten de las obras de ella (Apocalipsis 2:20-22).

La palabra griega que se traduce *fornicación* es *porneuo*, que también puede traducirse como *idolatría*. Como vimos ya, Dios a menudo equipara la idolatría con la infidelidad espiritual, porque Su pueblo está desposado con Él. "Porque tu marido es tu Hacedor; Jehová de los ejércitos es su nombre" (Isaías 54:5). Por tanto, Jesús estaba acusando a la iglesia de Tiatira de cometer fornicación espiritual, alentada por Jezabel.

Note que a los que participan con ella de su fornicación espiritual, Jesús les advierte que, a menos que se arrepientan, serán arrojados a la gran tribulación (vv. 20-23). Los que toleraban la infidelidad espiritual (fornicación) eran tan culpables como los que estaban en la cama con ella (v. 20). Según la Biblia, tolerar un pecado es tan grave como el acto mismo.

Los estudiantes de la Biblia reconocerán que Jezabel es un título apropiado para esta mujer malvada y mentirosa. Jezabel fue la reina más perversa en el Antiguo Testamento. Desvió al pueblo de Dios a una religión falsa mediante la adoración a Baal y a la Reina del Cielo. Usó su belleza, sus encantamientos y alianzas corruptas con su esposo, y luego con su hijo, para lograr que la nación cayera en la idolatría. Fomentó la idolatría flagrante,[244] y aun intentó destruir a los verdaderos profetas de Dios en Israel.[245] Esta reina perversa proveía sustento para 450 profetas de Baal y 400 profetas de Asera (Reina del Cielo) como parte de su casa real.[246] Jezabel realmente representa a la madre de las rameras del Antiguo Testamento.

Cuán apropiado es que Jesús, al hablar de la "mujer" malvada que influyó a Tiatira, la llame Jezabel. La siguiente tabla compara algunas de las semejanzas entre la Jezabel histórica y la reina de los últimos días. La tabla ilustra cuán importante es comparar un pasaje bíblico con toda la Biblia. Recuerde que el libro de Apocalipsis se refiere cientos de veces al Antiguo Testamento. Así que, para entender por qué Jesús usó el nombre Jezabel para representar a la mujer que se dice profetisa, debemos estudiar todo el consejo de Dios.

Características de: Jezabel	**De la ramera en los últimos tiempos**
Reina	*Reina*
1 Reyes 16:31	Isaías 47:5, 8 Apocalipsis 18:7
Tiene el control	*Tiene el control*
1 Reyes 19:1-2 1 Reyes 21:7-8, 15	Isaías 47:7 Apocalipsis 17:1; 3:9, 18
Fomenta la idolatría	*Fomenta la idolatría*
1 Reyes 21:25-26	Apocalipsis 2:20; 17:4
Se le describe como ramera . .	*Se le describe como ramera*
2 Reyes 9:22	Apocalipsis 2:20;17:1,5; 19:2
Usa hechicería	*Usa hechicería*
2 Reyes 9:22	Isaías 47:9, 12 Apocalipsis 18:23
Fuente de maldad	*Fuente de maldad*
1 Reyes 21:25	Zacarías 5:7-8
Seductora; de belleza externa .	*Seductora; de belleza externa*
2 Reyes 9:30	Isaías 47:1-3 Apocalipsis 17:4; 18:7

Maldición para pueblo de Dios .... 2 Reyes 9:22	*Maldición para pueblo de Dios* Isaías 47:6 Zacarías 5:3 Apocalipsis 18:4
Derrama sangre de siervos de Dios .... 2 Reyes 9:7	*Derrama sangre de siervos de Dios* Apocalipsis 17:6; 19:2
Masacra a profetas de Dios . . . 1 Reyes 18:4	*Masacra a profetas de Dios* Apocalipsis 18:24
Tiene poder sobre el rey . . . . 2 Reyes 9:22	*Tiene poder sobre el rey* Apocalipsis 18:3
Sus hijos son destruidos . . . . . 2 Reyes 9:24	*Sus hijos son destruidos* Isaías 47:9 Apocalipsis 2:23
Sus profetas son destruidos . . . 1 Reyes 18:19; 19:1	*Sus profetas son destruidos* Isaías 47:13-14 Zacarías 5:4
Es destruida totalmente . . . . . 2 Reyes 9:33-37	*Es destruida totalmente* Isaías 47:11 Apocalipsis 17:16; 18:8

La profetisa idólatra

¿Quién es esta mujer Jezabel? ¿Por qué se le llama profetisa y cómo seduce a los siervos de Dios? Para comprender mejor estos pasajes, veamos el comentario de Tim LaHaye sobre Apocalipsis:

> Tiatira proviene de dos palabras que significan "sacrificio" y "continuo"; esto introduce la herejía central que ha originado tantas doctrinas falsas. Es decir, la iglesia de Roma niega la obra consumada de

> Cristo, creyendo en un sacrificio continuo que produce elementos como los sacramentos y la oración por los muertos... un concepto que hace que la persona trate de ganar su propia salvación mediante obras, penitencia, indulgencias y muchas otras ideas concebidas por Satanás, las cuales nuestro Señor, en Apocalipsis 2:24, llama "las profundidades de Satanás"... El hecho de que el Señor escogió el título "Hijo de Dios" para sí mismo enseña mucho... a los que están en la iglesia de Roma, que tienden a considerarlo como el "Hijo de María"... La enseñanza de la falsa profetisa Jezabel adoptó dos formas con el fin de que: (1) "seduzca (y lleve a una enseñanza falsa) a mis siervos a fornicar", que es símbolo de la idolatría introducida en ese período, y (2) anime "a comer cosas sacrificadas a los ídolos"...
>
> [Jesús dice] "He aquí, yo la arrojo en cama, y en gran tribulación a los que con ella adulteran, si no se arrepienten de las obras de ella". Aquí nuestro Señor predice que esta iglesia, y los que son persuadidos a seguir sus enseñanzas falsas, entrarán en la gran tribulación, cuando ella, según Apocalipsis 17, sea la iglesia de la tribulación.[247]

Como hemos documentado, la Reina del Cielo es realmente la Reina de la Iglesia Católica Romana. Ella también incita a sus seguidores a la idolatría; pero, ¿dice ella ser la profetisa de estos últimos tiempos?

La siguiente es una cita de *The Thunder of Justice* (El estruendo de justicia). Este libro registra numerosos mensajes de apariciones y predice que ella pronto introducirá la era del triunfo de su Inmaculado Corazón:

> Sin embargo, es cierto que un muestreo concienzudo y amplio de mensajes de Nuestra Señora alrededor del mundo muestra un notable sentido de coherencia y desarrollo lógico. El aspecto principal del que debemos estar conscientes es que las advertencias son de María misma, **la Reina de todos los Profetas, la**

> **Profetisa de nuestros tiempos**... El 22 de noviembre de 1992, Nuestra Bendita Madre declaró muy clara y sucintamente su rol al padre Gobbi. Dijo: "Con el gozo de una madre, viendo que sus hijos cada vez le prestan más atención y la siguen por el camino señalado por mí, **como Profetisa de estos últimos tiempos en los que ustedes están viviendo**, con mi Hijo, Jesucristo..."[248]

Podríamos mencionar muchas otras citas, pero los seguidores marianos saben bien que la Reina del Cielo afirma ser la "Profetisa de estos últimos tiempos". La siguiente sección dará más información sobre la identidad de esta mujer malvada.

Las parábolas del reino

La otra referencia de Jesús a una mujer malvada se halla en Mateo 13, que registra lo que comúnmente conocemos como las Parábolas del Reino. Como veremos, la parábola de la semilla de mostaza y la de la mujer que esconde la levadura están relacionadas; así que veremos ambas para entender el contexto. Muchos han interpretado que estas dos parábolas revelan el crecimiento y expansión milagrosos de la iglesia en los tiempos finales. ¿Es eso lo que quiso decir Jesús? Examinemos las dos parábolas:

> Otra parábola les refirió, diciendo: El reino de los cielos es semejante al grano de mostaza, que un hombre tomó y sembró en su campo; el cual a la verdad es la más pequeña de todas las semillas; pero cuando ha crecido, es la mayor de las hortalizas, y se hace árbol, de tal manera que vienen las aves del cielo y hacen nidos en sus ramas. Otra parábola les dijo: El reino de los cielos es semejante a la levadura que tomó una mujer, y escondió en tres medidas de harina, hasta que todo fue leudado (Mateo 13:31-33).

En la parábola de la semilla de mostaza, el hombre que la sembró en su campo parece ser Jesús, porque en los siguientes versículos, cuando Sus discípulos piden que les explique la parábola de la cizaña (v. 36), Él dice: "El que siembra la buena semilla es el Hijo del Hombre" (Mateo 13:37). Por tanto, Jesús define que el sembrador en las primeras tres parábolas del reino es Él. Asimismo, define el campo en esas parábolas: "El campo es el mundo" (Mateo 13:38).

Por tanto, Jesús siembra buena semilla en el mundo y, de ese inicio tan pequeño, crece un árbol enorme. El asunto no es si la iglesia visible, habiendo empezado como algo tan pequeño, ha crecido hasta ser una gran institución. Más bien, la pregunta es: ¿indica el Señor que este crecimiento es saludable, natural y como corresponde a su inicio como semilla de mostaza?

¿Un árbol de mostaza?

La primera paradoja que notamos en la parábola de la semilla de mostaza es que cuando ésta crece, dice Jesús, "es la mayor de las hortalizas, y se hace árbol" (v. 32). Por supuesto, la semilla de mostaza produce una planta de mostaza, no un árbol. El evangelio de Lucas dice que esa semilla de mostaza creció y fue un "árbol grande" (Lucas 13:19). Aunque la planta de mostaza puede crecer varios metros, no se compara a los grandes árboles que crecen 50 metros o más. ¿Por qué usó Jesús esa expresión para ilustrar el crecimiento del reino? ¿Qué importancia tiene el árbol en la Biblia?

El árbol se usa como figura en varios pasajes. Por ejemplo, en Ezequiel 31, Dios anuncia el juicio a Egipto comparándolo con el antiguo imperio asirio. Esos versículos describen a la pagana Asiria como un gran árbol donde las aves del cielo hacían sus nidos: "He aquí era el asirio cedro en el Líbano, de hermosas ramas, de frondoso ramaje y de grande altura, y su copa estaba entre densas ramas... Por tanto, se encumbró su altura sobre todos los árboles del campo... En sus ramas hacían nido todas las aves del cielo... y a su sombra habitaban muchas naciones" (31:3, 5-6).

Obviamente, Dios no elogia a los asirios por su grandeza, porque ellos fueron juzgados. Más bien le dice a la orgullosa y gran nación egipcia que, si Él juzgó al gran "árbol" asirio, también a ella la juzgaría. El árbol se usa metafóricamente en este pasaje, para describir una institución grande y poderosa que dominaba al mundo en ese tiempo, pero era totalmente corrupta.

De igual modo, en el libro de Daniel, por medio del profeta Dios pronuncia juicio sobre el reino babilónico de Nabucodonosor: "Me parecía ver en medio de la tierra un árbol, cuya altura era grande. Crecía este árbol, y se hacía fuerte, y su copa llegaba hasta el cielo, y se le alcanzaba a ver desde todos los confines de la tierra... y en sus ramas hacían morada las aves del cielo, y se mantenía de él toda carne" (Daniel 4:10-12). Aquí Dios usa otra vez la figura del árbol lleno de aves para describir un sistema mundial poderoso pero maligno.

Las aves del cielo

En la parábola de la semilla de mostaza, otra clave indica también que el crecimiento del reino no es saludable ni normal. Jesús dice que ese árbol grande alberga a "las aves del cielo" (Mateo 13:32). En la parábola del sembrador, las aves vienen y se comen la buena semilla (Mateo 13:4). En las parábolas del reino, Jesús usa a las aves como figura, representando a los agentes de Satanás que devoran la Palabra de Dios. De hecho, en la Biblia muchas veces se describe a las aves del cielo como predadores oportunistas que se alimentan de carroña.[249] La Biblia en ningún lugar se refiere a los creyentes como aves.

No todos los comentaristas opinan que la parábola de la semilla de mostaza describe el crecimiento y expansión milagrosos de la iglesia de Cristo en toda la tierra. Algunos la han comparado con otros pasajes de la Escritura, concluyendo que el Señor quiso decir precisamente lo contrario:

> La pequeña semilla de mostaza, que no debía ser árbol sino arbusto... se desarrolla contra su naturaleza hasta ser árbol. Lo que vino de Él, el Hijo del Hombre, el Sembrador, puesto en manos de los hombres crece convirtiéndose en algo no natural —podría decirse, en una monstruosidad— porque eso es un *árbol* de mostaza. Esta cosa no natural, esta monstruosidad,

profesa el cristianismo como sistema mundial; profesa a Cristo sin poseerlo a Él ni a Su Espíritu... Si la parábola se aplica a la iglesia, las aves que hacen nido en ese árbol significarían pecadores convertidos. ¿Alguna vez las aves representan a personas puras? No necesitamos salir de este capítulo para hallar la respuesta. Las aves que vinieron sobre la semilla que había caído junto al camino eran instrumentos de Satanás... Las aves en esta parábola se refieren a personas y naciones no salvas, no convertidas, que llegan al árbol por motivos egoístas —la forma externa del cristianismo— y hallan refugio allí.[250]

La semilla de mostaza. Esta parábola se asemeja a las dos primeras porque todas mencionan a un hombre, un campo y una semilla. Si se interpretan coherentemente, en cada una el hombre simboliza a Cristo; el campo es el mundo; y la semilla es la Palabra que habla de Cristo y su reino. Semilla de mostaza. Su pequeñez era proverbial (cf. Mateo 17:20). Pero, en este caso crece más que las hortalizas (ASV) hasta ser árbol... Ese crecimiento se considera perjudicial, indicado por las aves que hacen nido en las ramas. En esta serie de parábolas, las aves son agentes de maldad (13:4, 19) como se ve frecuentemente en las Escrituras (Jeremías 5:26-27; Apocalipsis 18:2). La historia confirma que la iglesia, después de tener un inicio muy pequeño, creció asombrosamente mediante la proclamación del mensaje de Cristo. No obstante, ese crecimiento no usual proveyó lugares de refugio para los que son enemigos de Dios, que buscan la sombra y el fruto del árbol para sus propios intereses (aun a algunas naciones les agrada que las llamen "cristianas").[251]

[La parábola de la semilla de mostaza] es otro cuadro acerca del curso de esta era, y no es positivo. Las otras parábolas hablan de cizaña entre el trigo, de peces malos con los buenos, de la pérdida de gran parte de las semillas del sembrador, etc. Las parábolas no muestran el reino de Cristo creciendo, expandiéndose, desarrollándose y conquistando el mundo. A menudo se ha interpretado que esta parábola muestra un crecimiento grande y bendecido del reino en esta era, pero evidentemente ese no es el propósito del Salvador.

Pienso que Apocalipsis 17 presenta el cuadro de un gran sistema denominacional durante la tribulación. Parece ser el cuadro del catolicismo romano al obtener su fruto final y más numeroso, probablemente en unión con otras denominaciones después que los santos han sido llevados del mundo. Luego, en el capítulo 18, lea el versículo 2, donde este gran sistema maligno que dominará en Roma en ese tiempo, es maldito por el ángel que dice: "Ha caído, ha caído la gran Babilonia, y se ha hecho habitación de demonios y guarida de todo espíritu inmundo, y albergue de toda ave inmunda y aborrecible".[252]

Apostasía

Muchos otros pasajes muestran que la parábola no puede interpretarse como indicación de que la iglesia verdadera de Cristo crecerá hasta convertir al mundo. El Espíritu Santo expresamente declara que, en los días finales, algunos se apartarán de la fe, haciendo caso de espíritus mentirosos y doctrinas de demonios.[253] Pablo le recuerda a Timoteo que hombres malos y engañadores irán de mal en peor, engañando y siendo engañados.[254] Cristo mismo advierte que al acercarse el fin de esta era, las condiciones en la tierra continuarán decayendo.[255]

En vez de que la influencia de la iglesia predomine en la tierra, logrando la conversión mundial, la Biblia enseña que la influencia del mundo dominará y corromperá a la iglesia visible. Por supuesto, Dios está proclamando Su evangelio en todo el mundo,[256] y habrá un gran avivamiento durante la tribulación,[257] pero se nos advierte acerca de la apostasía que precederá a esta.[258]

Claramente, al interpretarla a la luz de toda la Escritura, la parábola de la semilla de mostaza advierte acerca de lo que vemos hoy. Multitudes de cristianos profesantes se están uniendo para tratar de traer el reino de Dios a la tierra a expensas de la verdad. Intentan hacerlo a su manera, en vez de confiar en Dios y descansar en Sus promesas. Irónicamente, la predicción de Jesús muestra que Él es Dios y sólo Él sostiene el futuro en Sus manos. ¿Quién sino el Dios todopoderoso podría ver 2,000 años adelante, y hablar de antemano sobre el movimiento ecuménico mundial que vemos en nuestro tiempo?

Como veremos, la profecía de Cristo dada en la parábola de la levadura también es absolutamente precisa y concuerda con los eventos que están ocurriendo ante nuestros ojos.

Una mujer esconde levadura

Después de enseñar la parábola de la semilla de mostaza, de inmediato Jesús les relató otra parábola: la de la mujer que esconde levadura. Mateo 13:31-33 y Lucas 13:18-21 revelan que estas dos parábolas están relacionadas; van juntas. La primera, la de la semilla de mostaza, revela el desarrollo externo del error en la iglesia debido a la unión impía entre la iglesia y el mundo. La segunda, como veremos, trata del desarrollo interno y secreto del error que invade y corrompe a la iglesia visible. La parábola de la mujer que esconde levadura dice:

> El reino de los cielos es semejante a la levadura que tomó una mujer, y escondió en tres medidas de harina, hasta que todo fue leudado (Mateo 13:33).

¿Qué significa esta parábola? El maestro de Biblia Chuck Smith comenta: "Algunos han entendido mal su significado, pensando que la iglesia crecerá hasta cubrir toda la tierra; pero la levadura siempre tiene connotación negativa y ejerce mala influencia cuando está presente. Así que, Jesús quiso decir que hay una influencia leudante en la iglesia".[259]

En la Biblia, la levadura siempre es tipo del pecado (Éxodo 12:19-20; Levítico 2:11; Oseas 7:1-4; Mateo 16:6; Marcos 8:15;

Lucas 12:1-2; Gálatas 5:9; etc.). En su carta a los corintios, el apóstol Pablo explica que la levadura representa la maldad:

> No es buena vuestra jactancia. ¿No sabéis que un poco de levadura leuda toda la masa? Limpiaos, pues, de la vieja levadura, para que seáis nueva masa, sin levadura como sois; porque nuestra pascua, que es Cristo, ya fue sacrificada por nosotros. Así que celebremos la fiesta, no con la vieja levadura, ni con la levadura de malicia y de maldad, sino con panes sin levadura, de sinceridad y de verdad (1 Corintios 5:6-8).

Al estudiar los pasajes referentes a la levadura, vemos que ésta siempre se usa en la Biblia como un agente que corrompe y, en secreto, inunda la verdad de Dios con pecado, error y maldad. Jesús no se refería a algo positivo al describir a la mujer que, secretamente, infiltró la levadura casi imperceptible en la masa de harina pura.

Cristo profetizó que esta levadura —maldad, corrupción— se extendería por toda la masa —"hasta que todo fue leudado" (Mateo 13:33). En otras palabras, el trabajo de la mujer estaría oculto para todos, excepto para los discípulos de Cristo, hasta que su levadura se extendiera por completo.

¿Es ella la misma mujer malvada?

La pregunta que nos queda es: ¿quién es esta mujer? La interpretación del *Wycliffe Bible Commentary* (Comentario bíblico Wycliffe) nos da información:

> La mujer (a diferencia del hombre mencionado en las otras parábolas) es el enemigo de Cristo e infiltra con falsa doctrina el reino en esta era. En otros pasajes se le llama "Maldad" (Zacarías 5:7-8), "Jezabel" (Apocalipsis 2:20) y la "gran ramera" (Apocalipsis 17:1). Al hablar de la levadura en la masa, se advierte a los creyentes que se cuiden de doctrinas falsas que se infiltrarían en todo el reino en su interregno.[260]

¿Es razonable asociar estas profecías? ¿Se refieren a la misma mujer mística y perversa? Considere estos datos: La señora de reinos descrita en Isaías 47 dice: "Nadie me ve" (v. 10). Ella cree que su engaño está oculto, mientras que la mujer en Zacarías 5 se esconde bajo una tapa de plomo (v. 7), y la de Apocalipsis 17 es llamada misterio, o literalmente, un secreto escondido.

En la parábola de Mateo 13, el hecho de que la mujer *esconde* la levadura en tres medidas de harina, también indica que su maldad está encubierta. Los malos son los que conspiran en secreto (Salmos 64:2). Aman ocultar su maldad en la oscuridad (Juan 3:19-20). La iglesia, por el contrario, no debe esconderse del mundo ni ocultar el evangelio (Lucas 8:16-17; Juan 3:21). Debemos andar en la luz e irradiar la luz de la verdad de Dios (Mateo 5:16; Filipenses 2:15; 1 Juan 1:5-7).

Por tanto, la señora de reinos de Isaías 47, la mujer malvada de Zacarías 5, la reina ramera de Apocalipsis 17 y 18, y la mujer de Mateo 13 obviamente son perversas, y sus acciones e intenciones son siniestras.

Recuerde también que en la visión de Zacarías, la mujer es llamada "Maldad" (Zacarías 5:7-8); la señora de reinos en la profecía de Isaías ha confiado en su "maldad" (Isaías 47:10); y la levadura que la mujer esconde representa "maldad" (1 Corintios 5:8).

Además, la mujer en Mateo 13 esconde la levadura en "tres medidas de harina" (v. 33). Tres medidas equivalen exactamente a un efa,[261] que es donde se oculta la mujer malvada en Zacarías 5: "y una mujer estaba sentada en medio de aquel efa" (v. 7).

Asimismo, tres medidas de harina era la cantidad que se usaba en las ofrendas de harina a Dios (Génesis 18:6; Jueces 6:19; 1 Samuel 1:24). Todo estudiante del Antiguo Testamento sabe que en la ofrenda de harina no puede haber levadura. Esta es otra prueba de que la mujer introduce corrupción en la harina pura.

La mujer mística

El comentarista John Phillips también relaciona a la mujer mencionada en Mateo 13 con la de Apocalipsis 17. En el Nuevo Testamento se habla de tres mujeres místicas: Una es la Jerusalén terrenal de Gálatas 4:25, que no puede ser la mujer de la parábola que actuaba en secreto. La Jerusalén terrenal no ocultó su oposición a Cristo. Tampoco intentó introducir errores en la verdad de Cristo; simplemente la rechazó al instante.

La segunda mujer mística es la Jerusalén celestial de Gálatas 4:26 y Apocalipsis 21:2. Puesto que se le llama la "santa ciudad", no puede ser la mujer mencionada en la parábola. Sobre todo, la Jerusalén celestial no tiene nada que ver con esta era.

La otra mujer mística es Babilonia (Apocalipsis 17:5), no la ciudad literal en el Eúfrates, sino un sistema religioso místico ubicado en Roma (Apocalipsis 17:9, 18). John Phillips identifica a la mujer que puso la levadura en la harina como representante del sistema religioso romano; sus raíces se hallan en el antiguo sistema babilónico que después tomó control de la iglesia, la convirtió en cristiandad y dejó su levadura por doquier.[262]

Una explicación final de H. A. Ironside también asocia estas profecías. Él resume así la advertencia de Jesús sobre lo que ocurriría en Su ausencia:

> En la parábola, la mujer secretamente esconde la levadura en la ofrenda de harina. Las tres medidas de harina, por cierto, no representan al mundo, sino la verdad de Dios acerca de Su Hijo. La mujer no es la iglesia, como tal, sino la iglesia falsa — la mujer Jezabel de quien leemos en Apocalipsis 2:20, quien se dice profetisa y, a los siervos de Dios, les enseña principios impíos que transtornan la fe. ¿No es esto exactamente lo que ha estado ocurriendo en los últimos casi dos milenios de historia de la iglesia?[263]

Resumen

En los capítulos 7 al 9, estudiamos numerosos pasajes bíblicos y siete profecías que ofrecen información importante sobre el engaño mundial que está sucediendo en nuestro tiempo. Realmente Dios nos dio muchas advertencias anticipadas. Resumamos esos mensajes bíblicos.

Jeremías señala específicamente a la Reina del Cielo como la que sedujo al pueblo de Dios en el pasado. Salomón advierte que si eso ocurrió en el pasado, de seguro se repetirá. Isaías describe a una "virgen" y "madre" malvada llamada "señora de reinos". Jesús identifica a una profetisa perversa llamada "Jezabel" y sus actividades idólatras. Jezabel y sus seguidores serán arrojados a la gran tribulación a menos que se arrepientan. Jesús asimismo advierte acerca de una mujer mala que secretamente infunde su doctrina corrupta. Juan describe a la madre de las rameras como una mujer que se dice "reina". Zacarías explica que habrá una maldición mundial relacionada con una mujer malvada. Daniel profetiza que el anticristo se exaltará por encima de una diosa en los últimos tiempos. Pablo declara que Dios enviará un poder engañoso a los que rechazan la verdad. Y otras profecías anuncian la idolatría y la adoración a una diosa en los días finales de la tierra.

Vistas en conjunto, las numerosas claves indican claramente que la entidad o las entidades que aparecen como María serán la fuerza que impulsará a la iglesia falsa de los días finales en el mundo.

Retorno de la diosa

En conclusión, la siguiente cita, tomada del libro *Myths of the Female Divine Goddess* (Mitos de la diosa), resume por qué debemos escuchar ahora las advertencias bíblicas sobre la reaparición, aparentemente en el nombre de Cristo, de una religión mundial similar a la de Babilonia, dirigida por la Reina del Cielo:

> Pero Diosa nunca murió, y uno de los principales fenómenos espirituales y sicológicos de nuestro tiempo ha sido su resurgimiento como una presencia importante en nuestra vida. Ha establecido un lugar central en varias de las principales religiones mundiales, en particular en el catolicismo e hinduismo. Diosa ha sido revivida en sectas modernas, cuyos ancestros espirituales son la adoración a Deméter, Isis y Asera.

Se ha dado a conocer en metáforas, mitos y la ciencia moderna, especialmente la sicología y climatología. Se ha expresado política y sociológicamente en la búsqueda de una nueva integridad —una nueva ecología espiritual, sicológica y física—, que es la fuerza que impulsa lo que llamamos el movimiento de las mujeres. Diosa está retornando porque se le necesita.

El retorno de Diosa en el contexto religioso patriarcal se ilustra más claramente en el progreso de la Virgen María, de su posición original en el Nuevo Testamento como una mujer humilde que da a luz y madre acongojada, a la de la Reina del Cielo concebida inmaculadamente... A través de los siglos se asociaron a María otras tradiciones populares. Se le presentaban ofrendas de pasteles especiales de diosa, como antes se le ofrecían a Asera.

Pero, como Reina, el poder de María creció. Ella era la Iglesia misma, la cual contenía a Cristo. En un sentido, se convirtió en la Esposa de Cristo y a menudo se hacían referencias a ella como tal. Una vez más, Diosa ha surgido con el hijo-amante sacrificado. Más iglesias fueron nombradas en honor a ella que en honor a otros santos o Jesús. Las estatuas y cuadros de María llegaron a ser, y aún son, objetos de adoración privada y pública. En estas obras, con más frecuencia se representa a María como una reina con corona que como sierva humilde. A veces sostiene en su regazo a Cristo, representado como rey coronado, tal como Isis sostenía en su regazo a los faraones de Egipto. Muchas pinturas y estatuas de María, especialmente en Francia, muestran a una Virgen Negra, relacionando a María con otras diosas negras, cuyo color refleja la tierra de oscuridad de los orígenes de Diosa. Estos objetos de devoción se han relacionado con poderes mágicos y, a veces, con extraños rituales y celebraciones.[264]

Capítulo 10

SALID DE ELLA, PUEBLO MÍO

Al leer las declaraciones anteriores, es evidente que un avivamiento del sistema babilónico está en marcha. En un futuro libro (con la ayuda de Dios), *The Coming Reign of the Queen of Heaven and Her Eucharistic Christ* (El reino venidero de la Reina del Cielo y su Cristo eucarístico), examinaremos otros pasajes bíblicos que apoyan este escenario de los tiempos finales. Sin embargo, bastan estos pasajes para mostrar lo que indica la Biblia: que la religión falsa de esta ramera abarcará todo el mundo. Su iglesia falsa estará formada por gente de todas las naciones, pueblos y lenguas. Pero el llamado de Dios es: "Salid de ella, pueblo mío, para que no seáis partícipes de sus pecados, ni recibáis parte de sus plagas" (Apocalipsis 18:4).

Las buenas nuevas

Tal vez este libro le haya abierto los ojos respecto a la idolatría que existe en el mundo. Ahora usted ve este engaño a través del lente de la Palabra de Dios y desea saber cómo escapar del juicio divino. A los seguidores de la aparición de María se les enseña que pueden ser salvos mediante actos piadosos y la devoción a ella. De acuerdo con la aparición de María, los medios para obtener vida eterna son rezar el rosario, hacer novenas, usar el escapulario café o el metal milagroso, recibir la eucaristía y realizar otros actos religiosos. La Reina enseña que se puede ganar la salvación por medio de buenas obras. Pero, el único evangelio que salva se encuentra en la Biblia.

Evangelio simplemente significa “buenas nuevas”. Desde el tiempo de Adán y Eva, y la caída en el huerto del Edén, la humanidad ha estado bajo la maldición. Siendo pecadores, estamos bajo la condenación de Dios. Él declara repetidamente que el castigo por el pecado es la muerte, tanto la muerte física como la muerte eterna en el lago de fuego. Dios aborrece el pecado y no permitirá que algo inmundo entre en el cielo.

Dios no puede mentir: a menos que se haga el pago por nuestros pecados, estaremos separados de Él para siempre. Nuestra única esperanza es que Alguien que es perfecto pague la deuda por nuestro pecado. Esto es exactamente lo que Jesucristo hizo. Jesús pagó en la cruz el costo total por nuestros pecados. Él fue nuestro sustituto, muriendo en nuestro lugar. Él pagó la pena de muerte que demandaba nuestro pecado. Dios hizo del alma de Jesús una expiación por el pecado.[265] Toda persona tiene la libertad de aceptar el regalo divino del perdón. Al arrepentirnos de nuestros pecados y poner nuestra fe en Jesús como el Único que ha pagado la deuda por nuestro pecado, ¡somos perdonados y sabemos que iremos al cielo!

Estando en nuestra naturaleza caída, nos sentimos compelidos a merecer el favor de Dios. Pensamos que somos lo suficientemente buenos como para merecer la salvación. Sin embargo, la Palabra de Dios es clara: nadie puede merecer la salvación. No podemos ganarnos un regalo. Sólo podemos recibirlo por fe.

> Yo publicaré tu justicia y tus obras, que no te aprovecharán (Isaías 57:12).
>
> Porque por gracia sois salvos por medio de la fe; y esto no de vosotros, pues es don de Dios; no por obras, para que nadie se glorie (Efesios 2:8-9).
>
> Nos salvó, no por obras de justicia que nosotros hubiéramos hecho, sino por su misericordia (Tito 3:5).

Sólo Jesús salva

Las Buenas Nuevas en la Biblia se presentan en un lenguaje claro e indisputable. De principio a fin, la Palabra de Dios declara que la salvación es sólo por la fe en Jesús. ¿Qué debemos hacer para ser salvos?

> Esta es la obra de Dios, que creáis en [Jesús] el que él ha enviado (Juan 6:29).
>
> Señores, ¿qué debo hacer para ser salvo? Ellos dijeron: Cree en el Señor Jesucristo, y serás salvo (Hechos 16:30-31).
>
> Que si confesares con tu boca que Jesús es el Señor, y creyeres en tu corazón que Dios le levantó de los muertos, serás salvo (Romanos 10:9).
>
> Arrepentíos, y creed en el evangelio (Marcos 1:15).

Sean perfectos o perecerán

¿Por qué Jesús es el único camino? ¿Por qué no podemos merecer, ganar o alcanzar la salvación? ¿No deberían las buenas obras y los actos justos aplacar a Dios?

En el Sermón del Monte, Jesús dijo: "Sed, pues, vosotros perfectos, como vuestro Padre que está en los cielos es perfecto" (Mateo 5:48). El Señor simplemente reafirmó lo que la ley de Dios ya había ordenado: "Maldito el que no confirmare las palabras de esta ley para hacerlas" (Deuteronomio 27:26). Los Diez Mandamientos —escritos por Dios mismo en dos tablas de piedra— demandan perfección. A fin de merecer el cielo, una persona debe obedecer la ley de Dios en su totalidad.

> Porque cualquiera que guardare toda la ley, pero ofendiere en un punto, se hace culpable de todos (Santiago 2:10).

¿Ha sido usted perfecto en pensamiento, palabra y obra? Jesús explicó que si uno mira a una persona codiciándola, ya adulteró en su corazón (Mateo 5:27-28). Declaró que el odio equivale a homicidio (Mateo 5:21-22). Enseñó que toda mentira que se dice proviene del maligno (Mateo 5:37). ¿Mintió usted alguna vez? ¿Odió? ¿Codició en su corazón? Si respondió sí a las tres preguntas, entonces admitió que, en su corazón, es un adúltero que miente y mata.

Jesús también dijo que se nos juzgaría y condenaría aun por una sola palabra ociosa (Mateo 12:36). Si su único pecado fuera que dijo chismes sobre alguien o lo difamó, aún así sería declarado culpable en el Día del Juicio.

El tercer mandamiento declara firmemente: "No tomarás el nombre de Jehová tu Dios en vano; porque no dará por inocente Jehová al que tomare su nombre en vano" (Éxodo 20:7). ¿Alguna vez usó el nombre de Dios o el de Jesucristo en forma blasfema? ¿Ha usado el nombre de Dios a la ligera? Si es así, entonces ha equiparado a su Creador —a Aquel que le dio el aliento, los ojos, los ocasos, las flores, el alimento, la familia y los amigos, etc.— con una maldición. Ha tomado Su nombre en vano. Todos los que blasfeman el santo nombre del Creador, no tendrán excusa cuando comparezcan ante el trono de Dios.

Dios es santo y aborrece todo pecado. Cada pecado será juzgado. Sea su pecado la idolatría, egoísmo, orgullo, envidia, embriaguez o alguna otra transgresión, será declarado culpable aquel día cuando Dios juzgue al mundo en justicia. La Biblia es clara: "El alma que pecare, esa morirá" (Ezequiel 18:4). Y recuerde: Dios ve todo pensamiento, palabra y hecho del pasado como si recién hubiera ocurrido. Nada está oculto de Sus ojos santos.

Además, nada podemos hacer para eliminar o borrar el pasado. Ninguna obra buena aplacará a Dios. Él no aceptará soborno. Siendo Él un juez justo, la condena por nuestro pecado debe pagarse. La paga es muerte y eterna separación de Dios en el infierno (Romanos 6:23).

> Pero vuestras iniquidades han hecho división entre vosotros y vuestro Dios, y vuestros pecados han hecho ocultar de vosotros su rostro (Isaías 59:2).

El espejo perfecto de Dios

La ley es el espejo santo de Dios. Al contemplar Su ley, nos vemos a nosotros mismos desde la perspectiva justa de Dios. Los Diez Mandamientos (Éxodo 20) y las enseñanzas de Jesús revelan cuán lejos está cada uno de nosotros de la perfección divina.

Al estudiar la ley de Dios, comprendemos cuánto necesitamos al Salvador. La ley revela la profundidad de nuestra depravación (Romanos 7:13). Sin embargo, los mandamientos de Dios no pueden salvarnos. Un espejo no puede limpiar, pero es capaz de revelar nuestra verdadera condición, tal como Dios nos ve. "Ya que por las obras de la ley ningún ser humano será justificado delante de él; **porque por medio de la ley es el conocimiento del pecado**" (Romanos 3:20). En última instancia, el propósito de la ley era que nos condujera al Salvador:

> De manera que la ley ha sido nuestro ayo, para llevarnos a Cristo, a fin de que fuésemos justificados por la fe (Gálatas 3:24).

Cristo: el cumplimiento de la ley y los profetas

La noticia maravillosa que hallamos en la Biblia es que Jesús cumplió los requisitos perfectos de la ley en nuestro lugar (Mateo 5:17). Él siempre hizo lo que le agradaba al Padre (Juan 8:29). Jesús fue perfecto en pensamiento, palabra y obra.

Su propósito al venir a la tierra fue redimirnos "de la maldición de la ley, hecho por nosotros maldición" (Gálatas 3:13). Jesús compró en la cruz nuestra salvación y la ofrece como regalo a todos los que, dejando de confiar en su propio bien, ponen su fe y esperanza en Él. El castigo por nuestros pecados fue totalmente pagado. ¡Realmente estas son buenas nuevas!

¿Cómo podemos estar seguros de que Jesús es el único Salvador? La Biblia especifica varias cualidades explícitas que el Mesías debía cumplir.

1) Debía ser completamente hombre para pagar por los pecados de la humanidad (1 Corintios 15:21).

2) Debía ser completamente Dios para pagar el precio infinito por los pecados de la humanidad (2 Corintios 5:18-19).
3) Debía cumplir perfectamente toda la ley de Dios (Mateo 5:17).
4) Debía cumplir las 300 y más profecías del Antiguo Testamento que apuntaban al Mesías (Lucas 18:31).
5) Debía derramar Su sangre por el pecado del mundo (Hebreos 9:22).
6) Debía morir como nuestro sustituto por el pecado del mundo (Romanos 6:23).
7) Debía resucitar de los muertos para derrotar a la muerte y a Satanás (Salmos 16:10).

Los requisitos bíblicos excluyen a todos, excepto a Cristo. Ninguna otra persona —ni María, los santos, ángeles, Mahoma, Krishna, Buda, Confucio ni ningún otro ser creado— cumplió lo que sólo podía cumplir el Dios-hombre.

Jesús es la puerta

Los mensajes de la aparición de María hacen creer a sus seguidores que existen muchos caminos al cielo.[266] Por supuesto, el mundo recibe con agrado tal enseñanza, pero esta contradice la clara enseñanza bíblica de que Jesús es el único camino. En el transcurso de la historia, el hombre ha intentado alcanzar a Dios por muchos medios. La Biblia resalta los más comunes: apariencia externa, religión, rituales, buenas obras, guardar la ley y otros. Pero Dios, rechazando estos medios, dirigió a Su pueblo hacia el Cordero de Dios que vendría y llevaría sobre Sí los pecados del mundo. Sólo Su muerte sustitutiva satisfizo la justicia de Dios.

En el evangelio de Mateo, Jesús dice que el camino a la destrucción es ancho y muchos entran en él, pero pocos entran por la puerta angosta que lleva a la vida eterna.

> Entrad por la puerta estrecha; porque ancha es la

> puerta, y espacioso el camino que lleva a la perdición, y muchos son los que entran por ella; porque estrecha es la puerta, y angosto el camino que lleva a la vida, y pocos son los que la hallan (Mateo 7:13-14).

Jesús es la puerta que conduce al cielo: "Yo soy la puerta; el que por mí entrare, será salvo" (Juan 10:9). Compare las palabras de Jesús con la siguiente enseñanza de Nuestra Señora de San Nicolás, cuyos mensajes fueron aprobados por el obispo católico local: "Hijos míos: Yo soy la puerta al cielo y la ayuda en la tierra".[267]

Trágicamente, Jesús predijo que muchos tratarían de entrar al cielo por otra "puerta". Muchos procurarían ir al cielo por un camino distinto a Cristo.

> De cierto, de cierto os digo: El que no entra por la puerta en el redil de las ovejas, sino que sube por otra parte, ése es ladrón y salteador (Juan 10:1).
>
> Y alguien le dijo: Señor, ¿son pocos los que se salvan? Y él les dijo: Esforzaos a entrar por la puerta angosta; porque os digo que muchos procurarán entrar, y no podrán. Después que el padre de familia se haya levantado y cerrado la puerta, y estando fuera empecéis a llamar a la puerta, diciendo: Señor, Señor, ábrenos, él respondiendo os dirá: No sé de dónde sois. Entonces comenzaréis a decir: Delante de ti hemos comido y bebido, y en nuestras plazas enseñaste. Pero os dirá: Os digo que no sé de dónde sois; apartaos de mí todos vosotros, hacedores de maldad (Lucas 13:23-27).

La única puerta que lleva a la vida eterna es Jesucristo. Tratar de entrar por otro medio es rechazar la Palabra de Dios. Sin embargo, el siguiente mensaje de la aparición, que también tiene el imprimátur de un cardenal y obispo católicos, declara que María es la puerta: "Yo soy la Puerta que les abre a su salvación porque, por ella, todos ustedes deben pasar para llegar a su encuentro personal con el Señor. Por esto, mi Hijo Jesús me ha constituido como verdadera Madre de toda la humanidad. Sólo si ustedes pasan por esta, mi Puerta, pueden obtener entrada en el jardín celestial".[268]

Por el contrario, usted será salvo solamente si se arrepiente de sus pecados y confía en Jesucristo de Nazaret, el único Señor y Salvador. Si confía en alguien más, le han desviado de la verdad. Vuélvase a Él hoy.

> Y este es el testimonio: que Dios nos ha dado vida eterna; y esta vida está en su Hijo. El que tiene al Hijo, tiene la vida; el que no tiene al Hijo de Dios no tiene la vida (1 Juan 5:11-12).

Dios es amor

La aparición proclama universalmente que es nuestra Madre amorosa. Mas, la Palabra de Dios declara que "Dios es amor" (1 Juan 4:16). Sólo Dios es perfectamente santo y perfectamente amoroso y misericordioso. Algunas personas creen que el amor y la santidad de Dios son atributos contrarios. Por tanto, recurren a la aparición de María cuando necesitan ayuda. Sin embargo, si Dios es perfecto en amor, también debe ser perfecto en justicia. Siempre debe hacer lo que es correcto. Por ejemplo, un Dios realmente amoroso jamás podría mentir. Nunca podría robar, engañar, hacer algo contrario a Su Palabra o ser infiel. El amor de Dios demanda que Él sea perfectamente justo. Y Su santidad demanda que sea perfecto en amor. Estas características son inseparables. Si no fuera así, Dios no sería perfecto y el cielo no sería el paraíso.

Este es el punto principal: Dios anhela una relación exclusiva, íntima y amorosa con cada ser humano. Por tanto, nos ha dado la libertad para elegir Su regalo de amor: Jesucristo. También nos permite tener una alternativa: el falso encanto de Satanás y placeres sin sentido. No obstante, como nuestro Creador, sólo Dios puede proveer para nuestras necesidades y satisfacer nuestros anhelos más profundos.

Además, Su amor y justicia requieren un plan de salvación simple y disponible para todos. Dios "lo encerró todo bajo pecado", de modo que los que confíen en Cristo puedan recibir

por fe la promesa de la vida eterna (Gálatas 3:22). Cualquier persona, de cualquier lugar, puede creer en el Señor. Cualquier otro requisito para la salvación no estaría disponible para todos. Dios lo hizo muy simple. Su amor así lo demanda.

> En esto se mostró el amor de Dios para con nosotros, en que Dios envió a su Hijo unigénito al mundo, para que vivamos por él. En esto consiste el amor: no en que nosotros hayamos amado a Dios, sino en que él nos amó a nosotros, y envió a su Hijo en propiciación por nuestros pecados (1 Juan 4:9-10).

Una palabra final

Si ha leído todo el libro y reflexionado en él, el deseo de los autores es que dedique un momento para considerar algunos pensamientos importantes. Después de ver los datos y los numerosos pasajes bíblicos que se han presentado, sería apropiado que saque algunas conclusiones.

Imagine que es juez o miembro de un jurado. ¿Cuál sería su veredicto si le pidieran una decisión final? Obviamente, este libro es sólo el estudio conciso de un escenario mucho mayor. Pero, en base a la información dada, tiene suficientes datos para llegar a una decisión inteligente.

Entre los que han leído este libro, sin duda algunos se burlarán, negándose a considerar las serias consecuencias para quienes creen que las apariciones marianas son sagradas y provienen de Dios. Otros quizás comprendan el significado de las apariciones pero, aún así, rehúsen hacer una decisión. Y, de seguro algunos reflexionarán seriamente en lo leído y serán transformados para siempre. Cada persona tiene libre albedrío y una mente. Es posible tomar decisiones inteligentes en base a la evidencia observable. Lo que haga con la información que da este libro, depende sólo de usted.

Sabemos que los jueces o jurados tienen la responsabilidad de determinar qué es verdadero y qué es falso. Tal vez le ayudaría preguntarse: ¿Es María la "Reina de Todos" o es Jesús el único "Soberano, Rey de reyes, y Señor de señores"? (1 Timoteo 6:15).

¿Son las apariciones de María realmente la María de la Biblia, o podrían ser parte de una mentira satánica, planeada para engañar al mundo en el nombre de Jesús en los últimos tiempos?

Aunque la aparición afirma que el mundo debe aceptar su plan para alcanzar paz, la Biblia declara que sólo Jesús es nuestra paz.[269] Además, aunque Jesús dijo claramente que Él era el "camino angosto" y el único camino, la Reina del Cielo parece decir que el camino a la salvación es ancho y sigue ampliándose día a día.

Finalmente, Jesús dijo: "Yo soy el camino, y la verdad, y la vida; nadie viene al Padre, sino por mí" (Juan 14:6). Asimismo, en la Biblia leemos que María, la madre de Jesús, dijo: "Haced todo lo que [Jesús] os dijere" (Juan 2:5). Los autores de este libro concuerdan con estas palabras que proclamó María.

En cierta ocasión, Jesús dijo: "Porque de tal manera amó Dios al mundo, que ha dado a su Hijo unigénito, para que todo aquel que en él cree, no se pierda, mas tenga vida eterna" (Juan 3:16). Si Jesús lo afirmó, y Su madre estaba de acuerdo en que debemos aceptar todo lo que Él diga, ¿no deberíamos sospechar cuando la María de las apariciones declara que ella toma parte en el proceso de redención? Estas afirmaciones no sólo contradicen lo que Jesús proclamó, sino que tal idea es blasfemia.

Tiempo de decisión

¿Es la "Reina de Todos" una impostora? Si es así, ¿qué debemos hacer? Aceptar que las declaraciones de la María de las apariciones se equiparan a la Sagrada Escritura, sería suicidio espiritual. Denunciarla es lo que corresponde al mandato bíblico de advertir a la gente respecto a falsos profetas y a señales y prodigios engañosos. Los autores de este libro han escrito estas páginas con ese propósito en mente. Han sentido la urgencia de lanzar una advertencia.

Ahora usted, el lector, tiene que elegir. ¿Cuál será su decisión? O Jesucristo es el único Rey, o la mujer de las apariciones es la Reina de Todos. Si elige a la mujer que se dice Corredentora, está escogiendo algo que no se encuentra en la Biblia. Es decir, ha aceptado una opción basada en una experiencia ajena a la revelación dada en la Palabra de Dios. Según la Biblia, la consecuencia de tal decisión, si usted no cambia de idea, será la eternidad en el infierno.[270] Si elige a Jesús, pasará la eternidad en el cielo con Él. Jesús no le forzará a escoger. Usted tiene que decidir.

En este punto quizá se pregunte: ¿qué puedo hacer? Tal vez le parezca estar atrapado. Quizá se dio cuenta de que esa es su situación y no sabe qué hacer para librarse. La respuesta es simple. Si está leyendo esta frase, aún tiene tiempo. Pídale a Jesucristo que le perdone por sus pecados. Confíe sólo en Él para recibir la salvación.

La palabra *sólo* es la clave. Recuerde que para ser salvo, no hay otro medio sino el camino angosto. Nada ni nadie más puede salvarle. Ni María. Ni ninguna otra persona. Ni una iglesia. Ninguna tradición. Ni los sacramentos. Usted es salvo únicamente por la gracia de Dios.

La vida eterna es un regalo de Dios. Acepte el evangelio simple o rechácelo. El regalo es suyo si decide aceptarlo. Nuestra oración es que usted lo haga.

Tetlow, Oakland y Myers

NOTAS

Capítulo 1

[1] "Éxtasis" proviene del término griego *ekstasis*, que significa trance. En el libro de Hechos, Pedro y Pablo entraron en trance (gr. *ekstasis*) durante una visión de Dios (Hechos 10:10; 22:17).

[2] Thomas Petrisko, *Call of the Ages*, Santa Barbara, CA, Queenship Publishing, 1995, p. 303. Mensaje recibido por Barbara Ruess, Marienfried, Alemania, 25 de junio de 1946.

[3] Timothy Green Beckley y Art Crockett, *Secret Prophecy of Fatima Revealed*, New Brunswick, NJ, Inner Light Publications, 1991, pp. 106-107. Mensaje recibido por la visionaria italiana Rosa Quattrini. Compare este mensaje mariano con Zacarías 5, que habla de una mujer a quien Dios se refiere como "Maldad" y va por toda la tierra.

[4] "Your Mother of Light to the World". Internet: www.movingheartfoundation.com/wd4-m-sept24.htm, 2 de noviembre de 2005. Mensaje dado a Chris Courtis, visionario de Maryland, EUA, el 24 de septiembre de 2004.

[5] "5 Million Pilgrims Visit Virgin's Shrine", *Orange County Register*, 13 de diciembre de 1999, p. 20.

[6] Margaret Rameriz, "Huge Throng Hails Virgin of Guadalupe", *Los Angeles Times*, 12 de diciembre de 1999, p. B13.

[7] Wayne Weible, *The Final Harvest*, Brewster, MA, Paraclette Press, 1999, p. xiv.

[8] "Virgin Mary's Messenger Draws Huge Crowd for Final Sermon", *Los Angeles Times*, 14 de octubre de 1998, p. A16.

[9] Petrisko, p. xxix.

[10] Mark Garvey, *Searching for Mary: An Exploration of Marian Apparitions Across the U.S.*, Nueva York, The Penguin Group, 1998, p. 25.

[11] Charles Dickson, *A Protestant Pastor Looks at Mary*, Huntington, Indiana, Our Sunday Visitor Publishing Division, 1996, p. 103.

[12] Ibid., p. 104. Conocida también como Nuestra Señora de Jasna Gora o la Virgen Negra.

[13] *Knock: The Apparition Gable From 1879 to the Present*, Cashin Printing Services, pp. 3, 19.

[14] Steve Beauclair, "Skyscraper statue slated for Sabana Grande: $42 million Virgin Mary part of Mystical City", *Caribbean Business*, 26 de febrero de 1998, Late News, artículo central. Nota: La estatua de casi 93 metros de altura será colocada sobre una base de 365 metros, dando a la estructura una altura total de 457 metros.

[15] Dickson, pp. 103-104.

[16] *3rd International Day of Prayer of the Lady of All Nations*, Amsterdam, 31 de mayo de 1999, La Familia de María Corredentora, video, 1999.

[17] Josef Kunzli, editor, *The Messages of The Lady of All Nations*, Santa Barbara, CA, Queenship Publishing, 1996, p. 85.

[18] *3rd International Day of Prayer of the Lady of All Nations.*

[19] Kenneth L. Woodward, "Hail, Mary", *Newsweek*, 25 de agosto de 1997, p. 50.

[20] Jan Connell, *Queen of the Cosmos*, Brewster, MA, Paraclete Press, 1990, p. 4.

[21] Petrisko, p. xxix.

[22] Rdo. Charles Dickson, Ph.D., *Queen Magazine*, marzo-abril 1994.

[23] Hno. Francis Mary, FFI, *Marian Shrines of Italy*, San Francisco, CA, Ignatius Press, 2000.

[24] Michael H. Brown, *The Last Secret*, Ann Arbor, MI, Servant Publications, 1998, p. 281.

[25] "Message given July 25, 1990". Internet: www.medjugorge.org/msg90.htm, 1 de mayo de 2000.

[26] Richard J. Beyer, *Medjugorje Day by Day*, Notre Dame, IN, Ave Maria Press, 1993, meditación del 6 de abril.

27 "Betania — I come to reconcile them". Internet: http://members.aol.com/bjw1106/marian9.htm, 28 de agosto de 1998.

28 Dickson, *A Protestant Pastor Looks at Mary*, p. 60.

29 William Lobdell y Jennifer Mena, "Our Lady: Not Just for Catholics", *Los Angeles Times*, 12 de diciembre de 2003, p. B-1.

30 David Van Biema, "Hail, Mary", *Time Magazine*, 21 de marzo de 2005, pp. 62, 68.

31 Ibid., p. 69.

32 R. Albert Mohler, Jr., *The Christian Post*, "Mary for Protestants? A New Look at an Old Question", 18 de marzo de 2005.

33 Elaine Gale, "Mary's Rising Popularity Goes Beyond Faith", *Los Angeles Times*, 25 de diciembre de 1998, p. A41.

34 Kunzli, p. 89. Mensaje dado el 31 de mayo de 1955.

35 Robert Sullivan, "The Mystery of Mary", *Life Magazine*, diciembre de 1996, p. 45.

36 Ibid., pp. 45, 58, 60.

37 *Our Lady of Fatima's Peace Plan From Heaven*, Tan Books and Publishers, Inc., 1983, pp. 7-8.

38 Thomas W. Petrisko, editor, "Our Lady of the Rosary in Puerto Rico", *Our Lady Queen of Peace*, McKees Rock, PA, Pittsburgh Center for Peace, edición especial I, segunda impresión, invierno de 1992, p. 13.

39 "Filipinos flock to glimpse vision of Mary", *The Tennessean*, volumen 89, número 66, 7 de marzo de 1993, p. 2-A.

40 Beyer, Introducción.

Capítulo 2

41 La devoción a María en la iglesia oriental es enorme. Por ejemplo, Roger Oakland ha viajado a Rusia más de 30 veces, y ha observado la influencia mariana extensa y muy visible que influye en todo aspecto de la Iglesia Ortodoxa Rusa. En Rusia, los iconos e imágenes de María son más prominentes y numerosos, y más gente los visita. El Dr. Kenneth Lawson ha viajado por toda Europa del este, investigando y documentando la amplia devoción a María, particularmente en la Iglesia Ortodoxa Oriental. Él ha escrito un libro titulado *The Mary Movement* (El movimiento de María), en el que documenta la influencia significativa de María alrededor del mundo, incluyendo muchas referencias a su exaltación en la ortodoxia

oriental. En verdad, a María también podría llamársele Reina de la Iglesia Ortodoxa.

[42] Cardenal Joseph Ratzinger con Vittorio Messori, *The Ratzinger Report*, San Francisco, CA, Ignatius Press, 1985, pp. 111-112.

[43] "Pope Benedict's XVI's 1st Public Greeting". www.zenit.org ZENIT News Agency, The World Seen From Rome, 26 de abril de 2005.

[44] "Marian Thoughts of Pope Benedict XVI". Internet: www.udayton.edu/mary/popessaying.html, Página Mariana de la Universidad de Dayton, 4 de diciembre de 2005.

[45] Ibid.

[46] Ibid.

[47] Ibid.

[48] "Our Lady of Guadalupe Receives Papal Visit - We Place Our Lives in Your Maternal Hands". Internet: www.zenit.org, 13 de mayo de 2005.

[49] "Benedict XVI's Homily on Feast of the Assumption - We Have a Mother in Heaven". Internet: www.zenit.org, 21 de noviembre de 2005.

[50] "Angelus: Mary has accompanied Church in 40 years since Council". Internet: www.asianews.it/view_p.php?1=en&art=4831, leído el 8 de diciembre de 2005.

[51] Joan Ashton, *The Peoples Madonna*, Londres, Harper-Collins Publishers, 1991, p. 216.

[52] Papa Juan Pablo II, Vittorio Messori, editor, *Crossing the Threshold of Hope*, Nueva York, Alfred A. Knopf, Borzoi Book, 1994, p. 215.

[53] Ibid., pp. 220-221.

[54] Tad Szulc, *Pope John Paul II: The Biography*, Nueva York, Pocket Books, 1995, pp. 22-24.

[55] Petrisko, *Call of the Ages*, p. 5. El papa consagró al mundo entero al Inmaculado Corazón de María en 1982 y 1984.

[56] "Vatican Dossier - John Paul II Entrusts Third Millennium To Mary". Internet: www.zenit.org, 6 de junio de 2001. Vaya a *Archives* y haga clic en el 8 de octubre de 2000.

[57] "Pope Entrusts His Mission To Mary". Internet: material del 19 de agosto de 2002, www.zenit.org, 16 de abril de 2005.

[58] Thomas W. Petrisko, *The Last Crusade*, McKees Rock, PA, St. Andrews Productions, 1996, p. 70.

[59] "The Marian Movement of Priests". Internet: www.mmp-usa.net, 15 de mayo de 2000.

[60] Fray Don Stefano Gobbi, *To The Priests, Our Lady's Beloved Sons*, St. Francis, ME, Sede Nacional del Movimiento Mariano de Sacerdotes en los Estados Unidos de América, 1998, pp. 923-924. Mensaje dado al padre Gobbi, 13 de octubre de 1996, Tokio, Japón.

[61] St. Alphonsus Ligouri, *The Glories of Mary*, Nueva York, Alba House, 1990, p. 86.

[62] Patrick Marnham, *Lourdes: A Modern Pilgrimage*, Nueva York, Coward, McCann & Geoghegan, Inc., 1980, pp. 4-9.

[63] Rdo. Eugene M. Brown, *Dreams, Visions and Prophecies of Don Bosco*, New Rochelle, NY, Salesiana Publishers, 1986, p. 114.

[64] Papa Pío XII, "Le Pelerinage de Lourdes". Internet: www.vatican.va, leído el 11 de mayo de 2002. Encíclica, 2 de julio de 1957, p. 2.

[65] Ibid., p. 3.

[66] Gobbi, p. 419. Mensaje dado al padre Gobbi en Como, Italia, el 31 de diciembre de 1984.

[67] Ibid., p. 278. Mensaje dado en Melbourne, Australia, el 27 de octubre de 1980.

[68] www.catholicnewsagency.com/new.php?n=4293

[69] www.kentucky.com/mld/heraldleader/living/religion/12251677.htm

[70] http://zenit.org/english/visualizza.phtml?sid=75128

[71] www.wcr.ab.ca/news/2005/0829/books082905.shtml

[72] www.cwnews.com/news/viewstory.cfm?recnum=39419

[73] www.breitbart.com/news/2005/11/07/D8DNSMQG8.html

[74] www.catholicnewsagency.com/new.php?n=5370

[75] www.beliefnet.com/story/180/story_18093_1.html

[76] http://zenit.org/english/visualizza.phtml?sid=82423

[77] "Ecumenism is obligatory for all Christian, Pope says". Internet: www.cwnews.com/news/viewstory.cfm?recnum=39419, 14 de enero de 2006.

[78] www.fortwayne.com/mld/newssentinel/11733696.htm?template=contentModules/printstory.jsp

[79] www.catholicnewsagency.com/new.php?n=4499

[80] www.catholicnewsagency.com/new.php?n=4764

[81] http://news.tbo.com/news/MGB40DT8IDE.html

[82] www.ndtv.com/morenews/showmorestory.asp?category=National&slug=Catholic+priests+seek+Hindu+rituals&id=80561

[83] www.catholicnewsagency.com/new.php?n=5350

[84] www.zenit.org/english/visualizza.phtml?sid=79936

[85] www.zenit.org/english/visualizza.phtml?sid=80971

[86] www.zenit.org/english/visualizza.phtml?sid=80965

[87] Para estudiar a fondo el movimiento ecuménico actual, visite: www.understandthetimes.org

[88] Thomas W. Petrisko, *For the Soul of the Family*, Santa Barbara, CA, Queeship Publishing, 1996, p. 92.

[89] Michael H. Brown, "Book on Mary Turns Runaway Youngster Immersed in Drugs and Crime Into Priest". Internet: http://www.spiritdaily.org/MHB%20editorials/Priesthood/calloway.htm.

Capítulo 3

[90] N. J. Dawood, traductor, *The Koran*, Nueva York, Penguin Putnam, Inc., 1997, sura 3:45-46.

[91] Sahih Bukhari, *Hadith*, volumen 4, libro 55, #642.

[92] Ibid., #643.

[93] *The Koran*, sura 3:42.

[94] Ibid., sura 5:75.

[95] Ibid., sura 19:30-32.

[96] Ray Stanford, *Fatima Prophecy*, Nueva York, Ballantine Books, 1988, pp. 44-49. Vea también: Pearl Zaki, *Before Our Eyes: The Virgin Mary, Zeitoun Egypt 1968 & 1969*, Santa Barbara, CA, Queenship Publishing Company, 2002.

[97] *The Koran*, sura 23:50-54.

[98] Ibid., sura 21:91-93.

[99] Ibid., sura 6:104.

[100] Ibid., sura 27:93.

[101] Ibid., sura 54:1-2.

[102] Ibid., sura 41:53.

[103] "Virgin Mary Seen as Model for All Muslims". Internet: www.zenit.org, 10 de diciembre de 2001.

[104] *The Koran*, suras 2:1-5; 2:136; 4:13; 4:150-152; 4:163-164; 5:68.

[105] Abdiyah Akbar Abdul-Haqq, *Sharing Your Faith with a Muslim*, Minneapolis, MN, Bethany House Publishers, 1980, caps. 3 y 4.

[106] *Catechism of the Catholic Church*, Nueva York, An Image Book, publicado por Doubleday, 1994, pp. 242-243, párrafo 841.

[107] Malachi Martin, *The Keys of this Blood*, Nueva York, Simon & Schuster, 1990, p. 285.

[108] Fulton J. Sheen, *The World's First Love - Mary, Mother of God*, San Francisco, CA, Ignatius Press, reimpreso 1996, pp. 201, 204.

[109] Petrisko, *Call of the Ages*, p. 449.

[110] Ibid.

[111] Sheen, p. 203.

[112] Página web de ExpressIndia, Reuters. Internet: http://www.pluralism.org/news/article.php?id=7841.

[113] Sheen, p. 274.

Capítulo 4

[114] Wicca es una religión naturalista, politeísta y neopagana, inspirada por creencias occidentales precristianas de Europa, cuya deidad central es una diosa madre.

[115] Jim Tetlow, *Messages From Heaven*, Fairport, NY, Eternal Productions, 2002, cap. 7. Este libro documenta que las apariciones presentan un frente unido. Aunque las apariciones han advertido que Satanás puede manifestarse dondequiera que ella se presenta, la María de las apariciones nunca ha desacreditado ninguna de éstas ni ha declarado que sea impostora.

[116] Annie Kirkwood, *Mary's Message to the World*, Nueva York, A Perigee Book, 1991, p. 145.

[117] Ibid., pp. 168-169.

[118] Ibid., p. 155.

[119] Beatrice Bruteau, compilado por Shirley Nicholson, *The Goddess ReAwakening*, Wheaton, IL, The Theophical Publishing House, 1994, p. 68.

[120] Caitlin Matthews, *Sophia Goddess of Wisdom*, Hammersmith, Londres, Thorsons, rama de Harper Collins Publishers, 1992, pp. 11, 332.

[121] Ibid., p. 8.

[122] Carol P. Christ, *Rebirth of the Goddess*, Reading, MA, Addison-Wesley Publishing Co., 1997, prefacio.

[123] Andrew Harvey y Anne Baring, *The Divine Feminine: Exploring the Feminine Face of God Around the World*, Berkeley, CA, Conari Press, 1996, p. 140.

[124] David R. Kinsley, *Hindu Goddesses: Visions of the Divine Feminine in the Hindu Religious Tradition*, Los Angeles, CA, University of California Press, 1989, p. 1.

[125] Bob y Penny Lord, *The Many Faces of Mary: A Love Story*, Westlake Village, CA, Journeys of Faith, 1987, p. 7.

[126] Fulton J. Sheen, *The World's First Love - Mary, Mother of God*, San Francisco, CA, Ignatius Press, reimpreso 1996, p. 190.

[127] Ibid., p. 189.

[128] Ibid., p. 193.

[129] Andrew Harvey y Anne Baring, *The Divine Feminine - Exploring The Face of God Around the World*, Berkeley, CA, Conari Press, 1996, p. 102.

[130] Maria Natalia, Sr., *The Victorious Queen of the World* (segunda edición revisada), Mountain View, CA, Two Hearts Books and Publishers, 1992, pp. 124-125.

[131] Thomas W. Petrisko, *For the Soul of the Family*, Santa Barbara, CA, Queenship Publishing Company, 1996, p. 105. Mensaje dado a Estela Ruiz, de Phoenix, Arizona, el 10 de diciembre de 1988.

[132] Catalina Rivas, *The Great Crusade of Love*, Lithonia, GA, The Great Crusade of Love and Mercy, Inc., 2000. Mensaje número CL-177 dado el 25 de enero de 1996.

[133] Josef Kunzli, p. v.

[134] Ibid., p. 84.

[135] Ibid., p. 89. El original incluye las palabras en itálicas.

[136] Michelle Rios Rice Hennelly y R. Kevin Hennelly, *Mary's Way: Romantic Love as a Path to God*, Santa Fe, Nuevo México, Our Lady of Light Publications, 2004.

Capítulo 5

[137] Si desea un estudio más completo de 101 de estas profecías sobre los últimos tiempos, visite nuestra página web en: www.eternal-productions.org y lea el folleto *101 Last Days Prophecies.*

[138] Isaías 42:9; 46:9-10; Juan 13:19.

[139] Ray Comfort, *Nostradamus: Attack on America*, Gainesville, FL, Bridge-Logos Publishers, 2001.

[140] Cuando la Iglesia aprueba una aparición aceptándola como genuina, se declara que ésta y sus mensajes se conforman a la verdadera enseñanza de Jesucristo y armonizan con la enseñanza de la Iglesia. La aprobación de la Iglesia declara que la gente puede leer y recibir los mensajes sin perjuicio y que, de hecho, las instrucciones y direcciones que contienen son útiles y conducen a la salvación. Su observancia precisa lleva hacia un cristianismo total y vivo que abarca completamente la vida personal y la vida pública. A la gente se le permite adorar públicamente a la aparición sin perjuicio. Se les permite visitar santuarios marianos en los lugares de las apariciones aprobadas, e incluso se les anima a hacerlo. Aunque para los católicos no es requisito seguir u obedecer los mensajes de una aparición, hacerlo no dañará su fe y puede beneficiarla.

[141] Muchas apariciones llevan el imprimátur (aprobación) del obispo católico romano local; eso significa que en los mensajes de las apariciones no hay nada contrario a la fe y moral de la fe católica. Según el *Catecismo de la Iglesia Católica*, párrafo 862, p. 249: "los obispos, por institución divina, han ocupado el lugar de los apóstoles como pastores de la Iglesia, de modo que todo el que los escuche, escucha a Cristo, y todo el que los menosprecie, menosprecia a Cristo y al que envió a Cristo".

[142] Teiji Yasuda, O.S.V., versión en inglés por John M. Haffert, Akita: *The Tears and Message of Mary*, Asbury, NJ, 101 Foundation, Inc., 1989, p. 78. Mensaje de Nuestra Señora de Akita a la hermana Agnes Sasagawa.

[143] Petrisko, *Call of the Ages*, p. 247. Mensaje a Santa Bridget de Suecia, siglo 14.

[144] Walsh, *Our Lady of Fatima*, Nueva York: Doubleday, pp. 68-69. Mensaje de Nuestra Señora de Fátima a Lucía.

[145] Hermana Margaret Catherine Sims, CSJ, *Apparitions in Betania, Venezuela: Mary, Virgin and Mother of Reconciliation of All People*, Framingham, MA, Medjugorje Messengers, 1992, p. 42. Mensaje dado a María Esperanza en Betania, Venezuela.

[146] Paul A. Mihalik, *The Virgin Mary, Fr. Gobbi and the Year*

2000, Santa Barbara, CA, 1998, p. 34. Mensaje número 441i al padre Gobbi.

[147] Kunzli, p. 51. Mensaje dado a Ida Peerdeman de Amsterdam, Holanda, el 29 de abril de 1951.

[148] Gobbi, pp. 264-265. Mensaje dado al padre Gobbi el 14 de junio de 1980.

[149] Petrisko, *Call of the Ages*, p. 11. Mensaje dado a Bruno Cornacchiola, Tre Fontane, Italia.

[150] *Messages of Our Lady at San Nicolas*, Milford, OH, Faith Publishing Company, 1991, p. 233. Mensaje dado en San Nicolás, Argentina, a Gladys Quiroga de Motta.

[151] Gobbi, p. 625. Mensaje dado el 8 de diciembre de 1989.

[152] Miriam A. y Stephen M. Weglian, *Let Heaven and Earth Unite!*, Milford, OH, Faith Publishing Company, 1996, p. 43. Mensaje dado a Bernardo Martínez de Cuapa, Nicaragua, 13 de octubre de 1980.

Capítulo 6

[153] Lord, p. 87.

[154] Ibid., p. 215.

[155] Puede ver o pedir este video en: www.eternal-productions.org

[156] Lord, pp. 22, 26, 54, 78, 92, 130, 152, 156, 172.

[157] *Devotions in Honor of Our Mother of Perpetual Help*, Liquori, MO, Liquori Publications, pp. 35-36.

[158] Isaías 46:3

[159] Isaías 2:8, 18, 20; Jeremías 50:2, 38; 51:17, 47, 52; Oseas 2:17; Zacarías 13:2; Apocalipsis 9:20.

[160] Gobbi, p. 383.

[161] Por ejemplo, en Fátima, Portugal, y en el santuario de Jasna Gora en Polonia, muchos peregrinos se arrastran y rezan ante la estatua de María. Pero la aparición nunca les dice que no lo hagan.

[162] "Pope John Paul II: Consecration Prayer". Internet: http://www.ewtn.com/library/CURIA/CDFATIMA.HTM.

[163] Mark I. Miravalle, S.T.D., *The Dogma and the Triumph*, Santa Barbara, CA, Queenship Publishing, 1998, p. 24.

[164] Gobbi, p. 7. El original incluye las palabras en itálica.

[165] Ibid., p. 119.

[166] *Devotions in Honor of Our Mother of Perpetual Help*, pp. 38-39

[167] Apocalipsis 12:9

[168] Génesis 3:1

[169] Mateo 4:6

[170] La aparición a menudo dice ser la mujer de Apocalipsis 12. Esta afirmación no es bíblica por varias razones. El libro de Apocalipsis tiene más de 800 alusiones al Antiguo Testamento. Al estudiar éste, es obvio que la "mujer vestida del sol, con la luna debajo de sus pies, y sobre su cabeza una corona de doce estrellas. Y estando encinta, clamaba con dolores de parto, en la angustia del alumbramiento" (Apocalipsis 12:1-2) se refiere a las doce tribus de Israel, a las que Dios selló para salvación en Apocalipsis 7. En el Antiguo Testamento, Israel es la esposa terrenal de Dios el Padre (Isaías 54:5; Ezequiel 16:8-16; 32). A Israel muchas veces se le representa como una mujer en el alumbramiento (Isaías 26:17-18; 66:7-13; Miqueas 4:9-10; 5:3). Durante la tribulación, Dios nuevamente trata con Israel (Apocalipsis 7; Daniel 9; etc.). Incluso, al período descrito en Apocalipsis 6—19 se le llama el "tiempo de angustia para Jacob" (Jeremías 30:7). Por supuesto, Dios cambió el nombre de Jacob a Israel (Génesis 35:10). Un dato aún más importante es que según el sueño de José registrado en Génesis 37:5-11, las doce estrellas representan a las doce tribus de Israel, y el sol y la luna representan a Jacob (es decir, Israel) y su esposa. Por tanto, desde la perspectiva bíblica, la mujer mencionada en Apocalipsis es Israel. Asimismo, en Romanos 11:25-32, Dios dice claramente que Él no ha puesto fin a su relación con Israel, sino que tratará con ella en los últimos tiempos. En ningún lugar de la Biblia se dice que Dios enviará a María en los días finales. Además, el arrepentimiento de Israel en los últimos días introduce, o literalmente da lugar a la segunda venida de Jesús (Zacarías 12:10; 14:4). Al leer Zacarías 12—14, vemos que a Jesús se le considera hijo de Israel. Fue Israel quien dio al Mesías a este mundo. María, como judía, fue el instrumento que Dios escogió, pero Israel, como esposa de Dios, trajo al Salvador. Finalmente, Apocalipsis 12:2 nos dice que esta mujer sufre dolores. Esto contradice directamente la doctrina católica de que María, siendo sin pecado, no experimentó las consecuencias de la maldición, es decir, que estuvo exenta de dolor y muerte. Génesis 3:16 explica que el dolor en el parto es resultado directo de la maldición. Por tanto, si

María fue sin pecado, no puede ser la mujer de Apocalipsis 12 que está experimentando dolor. Por supuesto, la Biblia declara que todos somos pecadores, pero los católicos que defienden esta posición deben reconocer que no pueden sostener ambas ideas.

171 Raphael Brown, *Saints Who Saw Mary*, Rockford, IL, Tan Books and Publishers, Inc., 1955, p. 63. Mensaje dado a Santa Bridget de Suecia.

172 Eclesiastés 1:9-11.

Capítulo 7

173 Deuteronomio 12:29-31

174 Apocalipsis 17:15; 18:7

175 Apocalipsis 17:1-2

176 Apocalipsis 17:2

177 Apocalipsis 17:15

178 Apocalipsis 17:18

179 2 Corintios 11:2

180 Isaías 54:5; Jeremías 3:14

181 Jeremías 3:1-8; Ezequiel 16:16, 28, 41; Oseas 4:15; etc.

182 Efesios 6:12

183 Margaret R. Bunson, *John Paul II's Book of Mary*, Huntington, IN, Our Sunday Visitor, Inc., 1997, pp. 71, 80, 144.

184 Dave Hunt, *Una Mujer Cabalga la Bestia*, Bend, OR, The Berean Call, 1997, p. 449.

185 En *Messages From Heaven*, por Jim Tetlow, encontrará más información sobre el falso evangelio de la Reina.

186 En el capítulo 4 de *Another Jesus? The Eucharistic Christ and the New Evangelization* verá un estudio a fondo de las enseñanzas católicas contrarias a la Biblia respecto a la eucaristía.

187 Lea capítulos 10 y 11 de *Another Jesus?*

188 "Our Lady Appears in Rome". www.madredelleucaristia.it, 22 de noviembre de 2005.

189 Frank E. Gaebelein, *Expositor's Bible Commentary, 12, Hebrews - Revelation*, Grand Rapids, MI, Zondervan Publishing House, 1976, p. 556.

190 G. K. Beale, *The New International Greek Testament Commentary: The Book of Revelation*, Grand Rapids, MI, W. B. Eerdmans, 1999, pp. 855-856.

[191] Charles Caldwell Ryrie, *Revelation*, Chicago, Moody Press, 1968, p. 101.

[192] Bunson, pp. 70, 107.

[193] *Catecismo de la Iglesia Católica*, párrafos 1357, 1405, pp. 378, 393.

[194] Puede ver un estudio a fondo sobre el Jesús eucarístico en *Another Jesus? The Eucharistic Christ and the New Evangelization.*

[195] Karl Keating, *Catholicism and Fundamentalism: The Attack on "Romanism" by "Bible Christians"*, Ignatius Press, 1988, p. 200.

[196] Jean Marie Hiesberger, editor general, *New American Bible: The Catholic Bible Personal Study Edition*, Nueva York, Oxford University Press, p. 375.

[197] *New American Standard version of The Ryrie Study Bible*, Chicago, Moody Press, p. 1864.

[198] Hunt, p. 207.

[199] "Rome", *The Catholic Encyclopedia*, Thomas Nelson, 1976.

[200] John Phillips, *Exploring Revelation*, Neptune, NJ, Loizeaux Brothers, 1991, p. 210.

[201] Warren B. Wiersbe, *Wiersbe's Expository Outlines of the New Testament*, Colorado Springs, CO, Chariot Victor Publishing, 1992, p. 845.

[202] J. Vernon McGee, *Thru the Bible Commentary Series the Prophecy Revelation 14-22*, Nashville, TN, Thomas Nelson, Inc., 1991, p. 92.

[203] Ryrie, p. 104.

[204] Petrisko, *Call of the Ages*, p. 29.

[205] Ibid.

[206] Ibid.

[207] Natalia, pp. 124-125.

[208] Beale, p. 894.

[209] Mateo 24:24

[210] Apocalipsis 7:9, 13-14

[211] 1 Timoteo 2:4

Capítulo 8

[212] Kunzli, p. 38. Mensaje dado el 11 de febrero de 1951.

[213] Por ejemplo, en Deuteronomio 18:15, Moisés profetiza:

"Profeta de en medio de ti, de tus hermanos, como yo, te levantará Jehová tu Dios; a él oiréis". El contexto inmediato se refiere a Josué, pero Hechos 3:22-23 lo aplica a Cristo. Hay muchos otros ejemplos de referencia doble, como: Salmos 22; Isaías 7:10-11; 14; Ezequiel 28:12-14; Oseas 1:1; etc.

[214] Lord, p. 9.

[215] Gobbi, p. 674. Mensaje dado al padre Gobbi en Brasil, el 26 de febrero de 1991.

[216] Petrisko, *For the Soul of the Family*, pp. 104-105.

[217] "Nuestra Señora de Vladimir". Internet: www.udayton.edu/mary/meditations/vladimir.html, 13 de noviembre de 1999.

[218] Kunzli, p. 83. Mensaje dado el 31 de mayo de 1954, la Festividad de María, Mediadora de Todas las Gracias.

[219] Kenneth L. Woodward, "Hail, Mary", *Newsweek*, 25 de agosto de 1997, p. 49.

[220] Ted y Maureen Flynn, *The Thunder of Justice*, Sterling, VA, MaxKol Communications, Inc., 1993, p. 231.

[221] Isaías 47:7

[222] Isaías 47:11

[223] Isaías 47:9

[224] Kunzli, p. 87. Mensaje dado el 31 de mayo de 1955.

[225] Weglian, p. 44. Mensaje de la aparición de María al visionario Padre Bernardo Martínez.

[226] Petrisko, *For the Soul of the Family*, p. 235.

[227] Gobbi, p. 305. Mensaje dado al padre Gobbi en Buenos Aires, Argentina, el 13 de octubre de 1981.

[228] Mihalik, p. 16. Mensaje dado al padre Gobbi en Tokio, Japón, el 15 de septiembre de 1993.

[229] Madre Elena Patriarca Leonardi, *Mary's Triumph Years of Revelation*, via dei Gracchi, 29 B-Roma, Casa del Reino de Dios y Reconciliación de Almas, p. 54. Mensaje dado en Roma.

[230] Isaías 47:6

[231] En Job 2:1-7, Dios permite a Satanás pleno acceso al cuerpo de Job, para infligirle aflicción y removerla.

[232] Éxodo 7:22; 8:7

[233] Petrisko, *Call of the Ages*, p. 303. Mensaje dado a Barbara Ruess, Marienfried, Alemania, el 25 de junio de 1946.

Capítulo 9

[234] Hechos 26:18; Efesios 5:8; 6:12; 2 Pedro 2:4; Apocalipsis 16:10

[235] Juan 1:4-5; 3:19; 8:12; 12:46; Salmos 119:105; 2 Pedro 1:19

[236] Génesis 10:10; 11:2

[237] Frank M. Boyd, *Studies in the Revelation of Jesus Christ*, Springfield, MO, Gospel Publ., 1967, p. 219.

[238] Apocalipsis 17:3

[239] Apocalipsis 17:15-17; Daniel 11:36-37

[240] G. H. Pember, *The Great Prophecies of the Centuries*, Londres, Hodder and Stoughton, 1895, p. 428.

[241] John Peter Lange, D.D., *Commentary on the Holy Scriptures: Ezekiel, Daniel and the Minor Prophets*, Grand Rapids, MI, Zondervan Publishing House, 1960, p. 252.

[242] Apocalipsis 13; 16:10

[243] Apocalipsis 17:16-17

[244] 2 Reyes 9:22

[245] 1 Reyes 18:4

[246] 1 Reyes 18:19

[247] Tim LaHaye, *Revelation Illustrated and Made Plain*, San Diego, CA, Family Life Seminars Publications, 1973, pp. 44-47.

[248] Flynn, pp. 11, 40-41.

[249] Génesis 15:11; Deuteronomio 28:26; 1 Samuel 17:44; Salmos 79:1-2; Jeremías 7:33; 15:3; Apocalipsis 19:17-18, 21; etc.

[250] Arno C. Gaebelein, *The Gospel of Matthew*, Nueva York, Loizeaux Brothers, 1961, pp. 284-285.

[251] Editado por Charles F. Pfeiffer (Antiguo Testamento) y Everette F. Harrison (Nuevo Testamento), *The Wycliffe Bible Commentary*, Chicago, Moody Press, 1962, p. 953.

[252] Rdo. John R. Rice, D.D., Litt.D., *The King of the Jews - The Gospel According to Matthew*, Grand Rapids, MI, Zondervan Publishing House, 1955, pp. 201-202.

[253] 1 Timoteo 4:1

[254] 2 Timoteo 3:13

[255] Mateo 24; Lucas 21

[256] Mateo 24:14

[257] Apocalipsis 7:9-17; Daniel 12:10; Zacarías 2:11

[258] 2 Tesalonicenses 2:3

[259] "Chuck Smith's Study Guide for Matthew". Internet: http://blueletterbiblc.org/Comm/chuck_smith/sg/matthew.html, 26 de noviembre de 2005.

[260] *The Wycliffe Bible Commentary*, p. 953.

[261] Una *medida* equivale a un *seah* y tres medidas (o tres seahs) equivalen a un efa.

[262] John Phillips, *Exploring The Gospels - Matthew*, Neptune, NJ, Loizeaux Brothers, 1999, p. 264.

[263] H. A. Ironside, Litt.D., *Expository Notes on the Gospel of Matthew*, Nueva York, Loizeaux Brothers, Inc., 1948, pp. 168-169.

[264] David Leemings y Jake Page, *Myths of the Female Divine Goddess*, Nueva York, Oxford University Press, 1994, pp. 161-162.

Capítulo 10

[265] Isaías 53:10

[266] Lea el capítulo 11 de *Messages From Heaven* para obtener más información sobre el falso evangelio de la Reina.

[267] *Messages of Our Lady at San Nicolas*, p. 357.

[268] Gobbi, p. 703. Mensaje dado al padre Gobbi en Milán, Italia, el 8 de diciembre de 1991.

[269] Isaías 9:6-7; Juan 16:33; Hechos 10:36; Romanos 5:1; Colosenses 1:20; Efesios 2:14; etc.

[270] Gálatas 5:19-21; Apocalipsis 21:8